모세오경이야기2

– 레위기 · 민수기 · 신명기 직역 큐티

모세오경이야기2

1판 인쇄일 2022년 12월 15일
1쇄 발행일 2022년 12월 22일

지은이 _ 김상수
펴낸이 _ 한치호
펴낸곳 _ 종려가지
등록 _ 제311-2014-000013호(2014. 3. 20)
주소 _ 서울특별시 은평구 은평로 14길, 9-5
전화 02. 359. 9657
디자인 _ 표지 이순옥 / 본문 구본일
제작대행 _ 세줄기획/ 전화 02. 2265. 3749
영업(총판) _ 일오삼/ 전화 02. 964. 6993,
팩스 02. 2208. 0153

값 17,000 원

ISBN 979-11-90968-52-2

* 저자 연락처 010-4586-9892

모세오경이야기2

– 레위기 · 민수기 · 신명기 직역 큐티

김상수 목사 지음

문서사역
|종|려|가|지|

추천사 1

나는 오늘날에도 종교개혁이 일어날 수 있는지 자주 질문을 받는다. 그런 질문을 받을 때마다 일어날 수 없다고 한 마디로 딱 잘라 말한다.

다각적인 이유가 많이 있겠지만 그 가운데 하나는 문서와 관련된 것이다. 그 시대는 인쇄술이 우리보다 훨씬 못 미치는 상황이었음에도 불구하고, 유럽 각지에서 개혁의 기치를 따르는 인물들이 자국어로 다양한 성경을 번역하여 출판하는 데 앞을 다투었다. 게다가 성경 번역과 함께 신교 목회자들이 혼신의 힘을 다해서 성경을 풀어내는 글을 써서 출판하였다.

이와 달리, 오늘날 교회는 성경을 새롭게 번역하는 데 힘쓰지 않을 뿐 더러 목회자들은 성경을 해설하는 글을 내는 데 힘쓰지 않는다. 이런 실정에서 무슨 종교개혁이 일어나겠는가?

금 번에, 성경 원문을 직역하면서 풀이한 김상수 목사님의 해설서가 세상에 빛을 보았다. 목사님은 신학교 시절부터 지금까지 40년 세월을 원문과 씨름하면서 성경을 연구하였다.

그는 성경 원문이 골수까지 배여 있는 분으로 우리말 어법을 따르는 매끄러운 번역보다 원문의 느낌을 되도록 그대로 살리는 번역에 충실하다. 때때로 이런 번역이 쉽게 읽히지는 않을지 모르겠으나 성경의 진의를 파악하는 데는 훨씬 유익하다는 사실을 놓치면 안 된다. 단번에 이해되지 않기에 곱씹어 볼만하지 않은가.

또한 목사님의 해설은 본문을 우리의 현실에 적용하고 있다는 점에서 큰 공헌을 한다. 그는 단어와 문장을 세세하게 따지는 것보다 전체 문맥의 의미를 우리의 처지에서 드러내는 데 주력한다. 이렇게 하여 성경은 옛날의 문서가 아니라 오늘의 설교로 변한다.

한 마디로 말해서 그의 해설을 읽으면 믿음으로 살도록 고무하는 뜨거운 감동을 느끼게 된다. 이런 의미에서 김상수 목사님의 성경 원문 직역 해설은 종교개혁을 우리 시대로 연장시키는 놀라운 도구임에 틀림없다.

조 병 수

합동신학대학원대학교 총장 역임 / 명예교수
프랑스 위그노 연구소 대표

추천사 2

사랑하고 존경하는 김상수 목사님께서 매일 아침마다 변함없이 카톡으로 하나님의 귀한 말씀을 배달해 주고 있습니다.

이 말씀을 읽으면서 하루 일과를 시작 하면 영적으로 든든하고 너무 소중한 하루가 되고 있습니다.

이 말씀의 특징은 원문주해 뿐 아니라 본문을 깊이 연구해서 하나님의 뜻을 잘 드러내고 적용까지 아주 쉽게 해줘서 누구나 쉽게 접할 수 있습니다.

따라서 말씀을 연구하는 목회자들에게나 신학생들, 해외 선교사들과 모든 성도들에게 큰 도움이 될 것으로 여겨져 적극 추천 하고 싶습니다.

감사합니다.

이 주 형

목사 / 오정성화교회 / 합신 증경 총회장

추천사 3

저는 오늘날 조국교회의 가장 시급한 과제는 교회의 강단개혁이라고 믿는다. 강단개혁은 자신의 심령을 날마다 개혁함을 의미한다.

이미 신학을 공부한 목사, 선교사는 계속 자기 자신을 업그레이드 해야 한다. 갓 구워낸 빵과 시원한 생수를 날마다 목사와 선교사는 먹고 마셔야 한다. 이것은 그냥 구호로 되는 것이 아니다. 그야말로 주입(eisegesis)이 아니라, 원액의 말씀을 주해(exegesis)해야 한다.

전세계 선교사들의 카톡방, SNS에는 하루에도 수많은 말씀묵상, 성경해석, 개인 묵상의 글들이 쏟아져 나온다. 솔직히 필자는 그런 글에는 눈길도 주지 않는다. 함량미달의 글들에 너무 많아 식상했다.

그런데 김상수(주명교회) 목사의 글은 참으로 신선하였다. 순수한 원액의 말씀이다.

그는 신학교를 졸업한 후에도 지난 30여 년간 오로지 원어 연구에 올인하였다. 그의 묵상의 글을 여러 사람과 나누게 된 것도 "한 영혼"을 먹이기 위함에서 비롯되었다.

12년 전, 김 목사가 섬기는 교회의 청년 중 한 청년은 직장이 늦게 끝나게 되어 성경공부 모임에 참여하지 못하였다. 그 한 청년을 개인 양육하기 위해 묵상 글을 쓰게 된 것이다. 이 얼마나 아름다운 선한 목자의 마음인가?

세 가지 면에서 나는 김상수 목사의 성경원문 직역 카톡 묵상집을 적극 추천하고 싶다.

첫째는, 그의 성경원문 직역을 읽으며 하나님의 본심을 느끼게 한다. 때로는 투박스러운 번역 같지만 그 안에 "생명의 빛" 이 보이며 들리는 것 같아 너무나 좋다.

둘째는, 성경 1장을 전체 문맥을 꿰뚫으면서 하나님의 뜻을 밝히 드러내는 묵상이 돋보인다. 성경읽기의 가장 중요한 원칙은 "영적으로/성경 그 자체를 읽는 것"이다. 곧 성령님의 영감을 받아 읽어야 한다는 뜻이다. 성경은 "오직 성령께서 가르치신 것으로 하니 영적인 것은 영적인 것으로 분별"(고전 2:13)하기 때문이다.

마지막으로, 김목사의 간결한 글쓰기가 너무 시원시원하여 좋다. 시각적으로 읽히는 글이다. 그리고 묵상한 말씀으로 하나님께 올려 드리는 마무리 기도 또한 압권이다.

배 안 호

선교사 / GMS, 파라과이

서문

하나님의 부르심 가운데 40년 전, 수원의 합동신학원에서 개혁신학을 접하게 하셨습니다. 30년의 연단 후에, 하나님의 섭리 가운데 직장의 늦은 퇴근으로 성경공부 그룹에 들어오지 못하는, 섬기는 교회의 청년을 양육하기 위해 카톡으로 성경직역 원문강해가 시작되었습니다.

12년 동안 하루도 거를 수가 없었습니다. 하나님께서 강권하시는 역사 가운데 말씀으로 저를 사로잡아주셨기 때문입니다.

주명교회 성도들과 예수 그리스도 안에서 함께 지어져 가는 수많은 지체들에게 성경 66권의 진리를 드러낼 수 있도록 은혜를 주신 삼위일체 하나님께 영광을 돌립니다.

연약한 저를 위해 기도하시는 수많은 지체들에게 감사드립니다. 하나님의 은혜와 말씀을 사랑하고 사모하는 지체들의 뜨거운 요청에 힘입어 카톡큐티로 쓴 성경직역 원문 강해서를 출판하게 되었습니다. 역사적인 전통적 교회의 입장인 성경론과 신론, 인죄론 기독론 구원론과 교회론을 터로 삼았습니다.

역사적으로 검증되고 공적으로 선포된 초대 교부들의 표준문서와 16세기, 17세기에 걸친 종교개혁자들의 표준문서를 울타리로 삼았습니다.

- 원문에 근거한 문법적 해석을 했습니다.
- 성경에 나타난 각 시대의 역사적 상황과 교회사를 고려 했습니다.

- 성령님의 조명으로 현 시대에 알맞게 적용하려고 했습니다.
- 성경 66권에서 말씀 하시는 바른 교리, 바른 예배와 바른 교회법을 드러내기 위해 힘썼습니다.

성경 66권에서 가르치시는 인생의 본분인 하나님을 영화롭게 하고 하나님을 기뻐하고 즐거워 하며 하나님을 경외하고 하나님 말씀에 순종하며 삼위 일체 하나님과 예수 그리스도와의 거룩한 다스림에 날마다 참여되며 삼위일체 하나님과 예수 그리스도를 날마다 알아가고 닮아가는 우리들이 되기를 소원하는 마음으로 썼습니다.

하나님의 창조와 재창조의 사역과 성자 하나님의 구속사역과 성령 하나님의 성화와 은총 가운데서 잃어버린 양들을 찾고 잃어버린 양들을 하나님께서 받으시는 산제물이 되게 하시는 거룩한 사역에 참여되는 우리 모두가 되기 위하여 썼습니다.

지체들의 성원에 힘입어 '모세오경이야기 2'를 내어 놓게 되었습니다. 헌신하신 주명교회 성도님들과 사랑하는 아내와 아들과 종려가지 출판사 대표이신 한치호 목사님과 평창의 백기호 목사님께 깊은 감사를 드립니다.

예수 그리스도 안에서 더불어 함께 지어져 가는 모든 공시적 보편된 교회와 그 지체들에게 카톡 큐티로 쓴 성경직역 원문강해서를 바칩니다.

오직 하나님께 영광 돌립니다.

2022년 9월

김 상 수

목사 / 대한예수교장로회 주명교회

차례

민수기

신명기

레위기

레위기 1장 9절

> "그 내장과 정강이를 물로 씻을 것이요 제사장은 그 전부를 제단 위에서 불살라 번제를 드릴지니 이는 화제라 여호와께 향기로운 냄새니라"(개역개정판)
>
> "그리고 그는 그것의 내장과 그것의 다리들을 물로 씻으라. 그리고 그 제사장은 그 모두를 그 제단에서 태워야 한다.(이것이) 화제이니 여호와께 만족시키는 향이다"(원문직역)

레위기 1장은 번제에 대한 말씀입니다.

번제는?

첫째, 예수 그리스도께서 자신의 백성들을 위해 십자가 대속사역으로 하나님께 온전히 자신을 드리는 의식을 예표합니다.

> "그 예물이 소의 번제이면 흠 없는 수컷으로 회막 문에서 여호와 앞에 기쁘게 받으시도록 드릴지니라 그는 번제물의 머리에 안수할지니 그를 위하여 기쁘게 받으심이 되어 그를 위하여 속죄가 될 것이라 그는 여호와 앞에서 그 수송아지를 잡을 것이요 아론의 자손 제사장들은 그 피를 가져다가 회막 문 앞 제단 사방에 뿌릴 것이며 그는 또 그 번제물의 가죽을 벗기고 각을 뜰 것이요 제사장 아론의 자손들은 제단 위에 불을 붙이고 불 위에 나무를 벌여 놓고 아론의 자손 제사장들은 그 뜬 각과 머리와 기름을 제단 위의 불 위에 있는 나무에 벌여 놓을 것이며 그 내장과 정강이를 물로 씻을 것이요 제사장은 그 전부를 제단 위에서 불살라 번제를 드릴지니 이는 화제라 여호와께 향기로운 냄새니라"(레 1:3~9)

예수 그리스도께서는 삼위일체 하나님의 공의를 십자가 대속 사역으로 온전히 만족시키셨습니다.

둘째, 십자가 대속 사역의 은총은 차별이 없습니다.

"이스라엘 자손에게 말하여 이르라 너희 중에 누구든지 여호와께 예물을 드리려거든 가축 중에서 소나 양으로 예물을 드릴지니라"(레 1:2)

"만일 그 예물이 가축 떼의 양이나 염소의 번제이면 흠 없는 수컷으로 드릴지니"(레 1:10)

"만일 여호와께 드리는 예물이 새의 번제이면 산비둘기나 집비둘기 새끼로 예물을 드릴 것이요"(레 1:14)

모든 그리스도인은 예수 그리스도의 품 안에서 자신을 하나님께 드리는 사람들입니다.

"그러므로 형제들아 내가 하나님의 모든 자비하심으로 너희를 권하노니 너희 몸을 하나님이 기뻐하시는 거룩한 산 제물로 드리라 이는 너희가 드릴 영적 예배니라"(롬 12:1)

그리스도인들은 날마다 생활 예배를 드리는 사람들입니다.

그러므로 성삼위 하나님의 은혜로 날마다 생활 예배를 드리며 하나님을 영화롭게 하는 우리 모두가 되기를 기도합니다.

레위기 2장 1절

"누구든지 소제의 예물을 여호와께 드리려거든 고운 가루로 예물을 삼아 그 위에 기름을 붓고 또 그 위에 유향을 놓아"(개역개정판)

"그리고 누구든지 곡식 제물의 예물을 여호와께 가져올 때에는 그의 예물은 고운 가루이어야 한다. 그리고 그는 그것 위에 기름을 부어야 한다. 그리고 그는 그것 위에 유향을 놓아야 한다"(원문직역)

레위기 2장은 곡식으로 드리는 제사입니다.

소제는 예수 그리스도께서 하나님께 드린 헌신과 그리스도인들이 예수 그리스도의 품 안에서 드리는 헌신을 예표합니다.

그리스도인들이 예수 그리스도의 품 안에서 하나님께 헌신하려면?

첫째, 정성을 다해야 합니다.

"누구든지 소제의 예물을 여호와께 드리려거든 고운 가루로 예물을 삼아"(레 2:1상)

둘째, 성령님을 따라 헌신해야 합니다.

"그 위에 기름을 붓고"(레 2:1중)

셋째, 찬양과 기도를 드리며 헌신해야 합니다.

"또 그 위에 유향을 놓아"(레 2:1하)

넷째, 예수 그리스도의 품 안에서 드려야 합니다.(레 2:2~3, 8~9)

"아론의 자손 제사장들에게로 가져갈 것이요 제사장은 그 고운 가루 한 움큼과 기름과 그 모든 유향을 가져다가 기념물로 제단 위에서 불사를지니 이는 화제라 여호와께 향기로운 냄새니라 그 소제물의 남은 것은 아론과 그의 자손에게 돌릴지니 이는 여호와의 화제물 중에 지극히 거룩한 것이니라"(레 2:2~3)

다섯째, 주어진 은혜를 따라 다양한 방법으로 드릴 수 있습니다.

"네가 화덕에 구운 것으로 소제의 예물을 드리려거든 고운 가루에 기름을 섞어 만든 무교병이나 기름을 바른 무교전병을 드릴 것이요 철판에 부친 것으로 소제의 예물을 드리려거든 고운 가루에 누룩을 넣지 말고 기름을 섞어 조각으로 나누고 그 위에 기름을 부을지니 이는 소제니라 네가 냄비의 것으로 소제를 드리려거든 고운 가루와 기름을 섞어 만들지니라"(레 2:4~7)

여섯째, 순결한 마음으로 드려야 합니다.

"너희가 여호와께 드리는 모든 소제물에는 누룩을 넣지 말지니 너희가 누룩이나 꿀을 여호와께 화제로 드려 사르지 못할지니라"(레 2:11)

일곱째, 언약 백성의 위치에서 드려야 합니다.

"처음 익은 것으로는 그것을 여호와께 드릴지나 향기로운 냄새를 위하여는 제단에 올리지 말지며 네 모든 소제물에 소금을 치라 네 하나님의 언약의 소금을 네 소제에 빼지 못할지니 네 모든 예물에 소금을 드릴지니라"(레 2:12~13)

예수 그리스도의 품 안에서 하나님께 헌신되는 것은 하나님의 은혜와 축복입니다.

그러므로 성삼위 하나님의 은혜로 감사와 기쁨과 즐거움으로 헌신하며 하나님을 영화롭게 하는 우리 모두가 되기를 기도합니다.

레위기 3장 1절

"사람이 만일 화목제의 제물을 예물로 드리되 소로 드리려면 수컷이나 암컷이나 흠 없는 것으로 여호와 앞에 드릴지니"(개역개정판)

"그리고 그가 만일 그의 제물이 희생제물이라면 그가 그 소 떼 중에서 가져오려면 수컷이나 암컷이나 흠이 없는 그것을 그는 여호와 앞에 가져와야 한다"(원문직역)

화목제는 하나님과 화목하고 사람들과 화목하는 제사입니다.

화목제는?

첫째, 누구나 참여할 수 있습니다.

"사람이 만일 화목제의 제물을 예물로 드리되 소로 드리려면 수컷이나 암컷이나 흠 없는 것으로 여호와 앞에 드릴지니"(레 3:1)

"만일 여호와께 예물로 드리는 화목제의 제물이 양이면 수컷이나 암컷이나 흠 없는 것으로 드릴지며"(레 3:6)

둘째, 예수 그리스도의 대속 사역 위에서 이루어 집니다.

"그 예물의 머리에 안수하고 회막 문에서 잡을 것이요 아론의 자손 제사장들은 그 피를 제단 사방에 뿌릴 것이며"(레 3:2)

"만일 그의 예물로 드리는 것이 어린 양이면 그것을 여호와 앞으로 끌어다가 그 예물의 머리에 안수하고 회막 앞에서 잡을 것이요 아론의 자손은 그 피를 제단 사방에 뿌릴 것이며"(레 3:7~8)

"만일 그의 예물이 염소면 그것을 여호와 앞으로 끌어다가 그것의 머리에 안수하

고 회막 앞에서 잡을 것이요 아론의 자손은 그 피를 제단 사방에 뿌릴 것이며"(레 3:12~13)

셋째, 예수 그리스도의 품 안에서 자신의 생명을 하나님께 드리는 것 입니다.(레 3:3~5, 9~11, 14~16)

"그는 또 그 화목제의 제물 중에서 여호와께 화제를 드릴지니 곧 내장에 덮인 기름과 내장에 붙은 모든 기름과 두 콩팥과 그 위의 기름 곧 허리 쪽에 있는 것과 간에 덮인 꺼풀을 콩팥과 함께 떼어낼 것이요 아론의 자손은 그것을 제단 위의 불 위에 있는 나무 위의 번제물 위에서 사를지니 이는 화제라 여호와께 향기로운 냄새니라"(레 3:3~5)

넷째, 신실하게 말씀을 따라 드리는 것 입니다.

"너희는 기름과 피를 먹지 말라 이는 너희의 모든 처소에서 너희 대대로 지킬 영원한 규례니라"(레 3:17)

그리스도인들은 화목 제물인 예수 그리스도로 하나님과 화목하게 되었습니다.

"이 예수를 하나님이 그의 피로써 믿음으로 말미암는 화목제물로 세우셨으니 이는 하나님께서 길이 참으시는 중에 전에 지은 죄를 간과하심으로 자기의 의로우심을 나타내려 하심이니"(롬 3:25)

"그의 십자가의 피로 화평을 이루사 만물 곧 땅에 있는 것들이나 하늘에 있는 것들이 그로 말미암아 자기와 화목하게 되기를 기뻐하심이라"(골 1:20)

"그러므로 우리가 믿음으로 의롭다 하심을 받았으니 우리 주 예수 그리스도로 말미암아 하나님과 화평을 누리자"(롬 5:1)

그러므로 성삼위 하나님의 은혜로 하나님과 화목하며 하나님을 영화롭게 하는 우리 모두가 되기를 기도합니다.

레위기 4장 3절

"만일 기름 부음을 받은 제사장이 범죄하여 백성의 허물이 되었으면 그가 범한 죄로 말미암아 흠 없는 수송아지로 속죄제물을 삼아 여호와께 드릴지니"(개역개정판)

"만일 그 기름부음 받은 그 제사장이 죄를 범하여서 그 백성에게 죄가 된다면 그는 그가 지은 죄를 위해 흠 없는 새끼 소를 여호와께 속죄제물로 가져와야 한다"(원문직역)

속죄제는 예수 그리스도의 대속 사역으로 죄사함 받는것을 드러내는 모형의 제사입니다.

예수 그리스도의 대속 사역 은총은?

첫째, 차별이 없습니다.

"만일 기름 부음을 받은 제사장이 범죄하여 백성의 허물이 되었으면 그가 범한 죄로 말미암아 흠 없는 수송아지로 속죄제물을 삼아 여호와께 드릴지니 그 수송아지를 회막 문 여호와 앞으로 끌어다가 그 수송아지의 머리에 안수하고 그것을 여호와 앞에서 잡을 것이요"(레 4:3~4)

"만일 이스라엘 온 회중이 여호와의 계명 중 하나라도 부지중에 범하여 허물이 있으나 스스로 깨닫지 못하다가 그 범한 죄를 깨달으면 회중은 수송아지를 속죄제로 드릴지니 그것을 회막 앞으로 끌어다가 회중의 장로들이 여호와 앞에서 그 수송아지 머리에 안수하고 그것을 여호와 앞에서 잡을 것이요"(레 4:13~15)

"만일 족장이 그의 하나님 여호와의 계명 중 하나라도 부지중에 범하여 허물이 있었는데 그가 범한 죄를 누가 그에게 깨우쳐 주면 그는 흠 없는 숫염소를 예물로 가져다가 그 숫염소의 머리에 안수하고 여호와 앞 번제물을 잡는 곳에서 잡을지

니 이는 속죄제라"(레 4:22~24)

"만일 평민의 한 사람이 여호와의 계명 중 하나라도 부지중에 범하여 허물이 있었는데 그가 범한 죄를 누가 그에게 깨우쳐 주면 그는 흠 없는 암염소를 끌고 와서 그 범한 죄로 말미암아 그것을 예물로 삼아 그 속죄제물의 머리에 안수하고 그 제물을 번제물을 잡는 곳에서 잡을 것이요"(레 4:27~29)

둘째, 성령님의 은총이 있어야 합니다.

"그 범한 죄를 깨달으면 회중은 수송아지를 속죄제로 드릴지니 그것을 회막 앞으로 끌어다가"(레 4:14)

"그가 범한 죄를 누가 그에게 깨우쳐 주면 그는 흠 없는 숫염소를 예물로 가져다가"(레 4:23)

"그가 범한 죄를 누가 그에게 깨우쳐 주면 그는 흠 없는 암염소를 끌고 와서 그 범한 죄로 말미암아 그것을 예물로 삼아"(레 4:28)

예수 그리스도의 대속 사역만이 삼위일체 하나님의 공의를 만족시키실 수 있습니다.

"그는 죄를 범하지 아니하시고 그 입에 거짓도 없으시며 욕을 당하시되 맞대어 욕하지 아니하시고 고난을 당하시되 위협하지 아니하시고 오직 공의로 심판하시는 이에게 부탁하시며 친히 나무에 달려 그 몸으로 우리 죄를 담당하셨으니 이는 우리로 죄에 대하여 죽고 의에 대하여 살게 하려 하심이라 그가 채찍에 맞음으로 너희는 나음을 얻었나니 너희가 전에는 양과 같이 길을 잃었더니 이제는 너희 영혼의 목자와 감독되신 이에게 돌아왔느니라"(벧전 2:22~25)

그러므로 성삼위 하나님의 은혜로 예수 그리스도를 사랑하며 하나님을 영화롭게 하는 우리 모두가 되기를 기도합니다.

레위기 5장 15절

"누구든지 여호와의 성물에 대하여 부지중에 범죄하였으면 여호와께 속건제를 드리되 네가 지정한 가치를 따라 성소의 세겔로 몇 세겔 은에 상당한 흠 없는 숫양을 양 떼 중에서 끌어다가 속건제로 드려서"(개역개정판)

"어떤 사람이 참으로 성실하지 못하여 여호와의 거룩한 것에서부터 실수로 죄를 지었으면 그러면 그는 그의 속건 제물을 양떼 중에서 흠이 없는 숫양을 여호와께 가져와야 한다. 너는 정한 은의 세겔로 그 성소의 세겔을 따라 속건제를 위해(드려야 한다)"(원문직역)

레위기 5장은 "아샴"(속건제)에 대한 말씀입니다.

"하타아트"(속죄제)는 예수 그리스도의 대속 사역으로 죄 자체에 대한 용서입니다. "아샴"(속건제)은 예수 그리스도의 대속 사역으로 죄에 대한 책임을 면제받는 것입니다. 속죄 제물과 속건 제물은 예수 그리스도를 예표합니다.

속죄 제물과 속건 제물 되신 예수 그리스도께서는?

첫째, 십자가 대속사역으로 그리스도인들의 죄 문제를 해결하셨습니다.(레 5:1~13)

"이 중 하나에 허물이 있을 때에는 아무 일에 잘못하였노라 자복하고 그 잘못으로 말미암아 여호와께 속죄제를 드리되 양 떼의 암컷 어린 양이나 염소를 끌어다가 속죄제를 드릴 것이요 제사장은 그의 허물을 위하여 속죄할지니라 만일 그의 힘이 어린 양을 바치는 데에 미치지 못하면 그가 지은 죄를 속죄하기 위하여 산비둘기 두 마리나 집비둘기 새끼 두 마리를 여호와께로 가져가되 하나는 속죄제물을 삼고 하나는 번제물을 삼아 제사장에게로 가져갈 것이요 제사장은 그 속죄제물을 먼저 드리되 그 머리를 목에서 비틀어 끊고 몸은 아주 쪼개지 말며 그 속죄제물의 피를 제단 곁에 뿌리고 그 남은 피는 제단 밑에 흘릴지니 이는 속죄제요 그 다음 것은 규례대로 번제를 드릴지니 제사장이 그의 잘못을 위하여 속죄한즉 그가 사함을 받으리라"(레 5:5~10)

둘째, 십자가 대속 사역으로 그리스도인들의 죄에 대한 보상 문제를 해결하셨습니다.(레 5:14~18)

"누구든지 여호와의 성물에 대하여 부지중에 범죄하였으면 여호와께 속건제를 드리되 네가 지정한 가치를 따라 성소의 세겔로 몇 세겔 은에 상당한 흠 없는 숫양을 양 떼 중에서 끌어다가 속건제로 드려서 성물에 대한 잘못을 보상하되 그것에 오분의 일을 더하여 제사장에게 줄 것이요 제사장은 그 속건제의 숫양으로 그를 위하여 속죄한즉 그가 사함을 받으리라 만일 누구든지 여호와의 계명 중 하나를 부지중에 범하여도 허물이라 벌을 당할 것이니 그는 네가 지정한 가치대로 양 떼 중 흠 없는 숫양을 속건제물로 제사장에게로 가져갈 것이요 제사장은 그가 부지중에 범죄한 허물을 위하여 속죄한즉 그가 사함을 받으리라"(레 5:15~18)

예수 그리스도께서는 그리스도인들의 모든 죄를 지고 가는 하나님의 어린 양이십니다.

"이튿날 요한이 예수께서 자기에게 나아오심을 보고 이르되 보라 세상 죄를 지고 가는 하나님의 어린 양이로다"(요 1:29)

그러므로 성삼위 하나님의 은혜로 예수 그리스도를 사랑하며 하나님을 영화롭게 하는 우리 모두가 되기를 기도합니다.

레위기 6장 20절

"아론과 그의 자손이 기름 부음을 받는 날에 여호와께 드릴 예물은 이러하니라 고운 가루 십분의 일 에바를 항상 드리는 소제물로 삼아 그 절반은 아침에, 절반은 저녁에 드리되"(개역개정판)

"이것은 아론과 그 아들들이 기름부음 받는 그 날에 여호와께 가져와야 하는 예물이다. 고운 가루 에바 십분의 일을 항상 드리는 곡식 제물로서 그것의 절반은 아침에 그리고 그것의 절반은 저녁에(드려야 한다)"(원문직역)

레위기 6장은 제사법의 소중함과 제사장들의 사역에 대해 가르치고 있습니다.

영원한 제사장인 예수 그리스도의 사역과 예수 그리스도의 품 안에서 만인 제사장으로 사명을 감당해야 하는 그리스도인들의 사역에 대한 예표의 말씀입니다.

만인 제사장인 그리스도인들은?

첫째, 예수 그리스도의 품 안에서 지체들과 화목하고 바르고 정당하게 사는 사람들입니다.(레 6:1~7)

"그 거짓 맹세한 모든 물건을 돌려보내되 곧 그 본래 물건에 오분의 일을 더하여 돌려보낼 것이니 그 죄가 드러나는 날에 그 임자에게 줄 것이요 그는 또 그 속건제물을 여호와께 가져갈지니 곧 네가 지정한 가치대로 양 떼 중 흠 없는 숫양을 속건제물을 위하여 제사장에게로 끌고 갈 것이요 제사장은 여호와 앞에서 그를 위하여 속죄한즉 그는 무슨 허물이든지 사함을 받으리라"(레 6:5~7)

둘째, 예수 그리스도의 품 안에서 자신을 하나님께 드리는 사람들입니다.(레 6:8~13)

"제단 위의 불은 항상 피워 꺼지지 않게 할지니 제사장은 아침마다 나무를 그 위에서 태우고 번제물을 그 위에 벌여 놓고 화목제의 기름을 그 위에서 불사를지며 불은 끊임이 없이 제단 위에 피워 꺼지지 않게 할지니라"(레 6:12~13)

셋째, 예수 그리스도의 품 안에서 헌신하는 사람들입니다.(레 6:14~18)

"그 소제의 고운 가루 한 움큼과 기름과 소제물 위의 유향을 다 가져다가 기념물로 제단 위에서 불살라 여호와 앞에 향기로운 냄새가 되게 하고 그 나머지는 아론과 그의 자손이 먹되 누룩을 넣지 말고 거룩한 곳 회막 뜰에서 먹을지니라"(레 6:15~16)

넷째, 예수 그리스도의 품 안에서 맡은 직분에 충성하는 사람들입니다.(레 6:19~23)

"이 소제는 아론의 자손 중 기름 부음을 받고 그를 이어 제사장 된 자가 드릴 것이요 영원한 규례로 여호와께 온전히 불사를 것이니 제사장의 모든 소제물은 온전히 불사르고 먹지 말지니라"(레 6:22~23)

다섯째, 예수 그리스도의 품 안에서 죄사함의 은총을 누리는 사람들입니다.(레 6:24~30)

"제사장인 남자는 모두 그것을 먹을지니 그것은 지극히 거룩하니라 그러나 피를 가지고 회막에 들어가 성소에서 속죄하게 한 속죄제 제물의 고기는 먹지 못할지니 불사를지니라"(레 6:29~30)

그리스도인들은 예수 그리스도의 품 안에서 하나님께 드려진 사람들입니다.

그러므로 성삼위 하나님의 은혜로 그리스도인의 바른 위치에서 살아가며 하나님을 영화롭게 하는 우리 모두가 되기를 기도합니다.

레위기 7장 11절

"여호와께 드릴 화목제물의 규례는 이러하니라"(개역개정판)

"그리고 이것은 사람이 여호와께 드리는 그 화목제 희생의 율법이다"(원문직역)

레위기 7장은 속건제와 화목제에 대한 추가된 율법입니다.

첫째, 속건제에 추가된 율법입니다.(레 7:1~10)

"속죄제와 속건제는 규례가 같으니 그 제물은 속죄하는 제사장에게로 돌아갈 것이요 사람을 위하여 번제를 드리는 제사장 곧 그 제사장은 그 드린 번제물의 가죽을 자기가 가질 것이며 화덕에 구운 소제물과 냄비에나 철판에서 만든 소제물은 모두 그 드린 제사장에게로 돌아갈 것이니 소제물은 기름 섞은 것이나 마른 것이나 모두 아론의 모든 자손이 균등하게 분배할 것이니라"(레 7:7~10)

둘째, 화목제에 추가된 율법입니다.(레 7:11~36)

"여호와께 드릴 화목제물의 규례는 이러하니라 만일 그것을 감사함으로 드리려면 기름 섞은 무교병과 기름 바른 무교전병과 고운 가루에 기름 섞어 구운 과자를 그 감사제물과 함께 드리고 또 유교병을 화목제의 감사제물과 함께 그 예물로 드리되 그 전체의 예물 중에서 하나씩 여호와께 거제로 드리고 그것을 화목제의 피를 뿌린 제사장들에게로 돌릴지니라"(레 7:11~14)

"여호와께서 모세에게 말씀하여 이르시되 이스라엘 자손에게 말하여 이르라 화목제물을 여호와께 드리려는 자는 그 화목제물 중에서 그의 예물을 여호와께 가져오되 여호와의 화제물은 그 사람이 자기 손으로 가져올지니 곧 그 제물의 기름과 가슴을 가져올 것이요 제사장은 그 가슴을 여호와 앞에 흔들어 요제를 삼고 그 기름은 제단 위에서 불사를 것이며 가슴은 아론과 그의 자손에게 돌릴 것이며 또 너희는 그 화목제물의 오른쪽 뒷다리를 제사장에게 주어 거제를 삼을지니 아론의 자손 중에서 화목제물의 피와 기름을 드리는 자는 그 오른쪽 뒷다리를 자기의 소득으로 삼을 것이니라 내가 이스라엘 자손의 화목제물 중에서 그 흔든 가슴과 든 뒷다리를 가져다가 제사장 아론과 그의 자손에게 주었나니 이는 이스라엘 자손에게서 받을 영원한 소득이니라 이는 여호와의 화제물 중에서 아론에게 돌릴 것과 그의 아들들에게 돌릴 것이니 그들을 세워 여호와의 제사장의 직분을 행하게 한 날 곧 그들에게 기름 부은 날에 여호와께서 명령하사 이스라엘 자손 중에서 그들에게 돌리게 하신 것이라 대대로 영원히 받을 소득이니라"(레 7:28~36)

속건제와 화목제에서 추가된 율법은 제사를 집전하는 제사장들에게 돌아가는 분깃에 대한 말씀입니다.

세상의 기업이 없고 목회만 전념하는 성직자들에게 교회의 형편과 사정에 맞게 생활비를 지급하는 것은 하나님께서 세우신 질서입니다.

"성전의 일을 하는 이들은 성전에서 나는 것을 먹으며 제단에서 섬기는 이들은 제단과 함께 나누는 것을 너희가 알지 못하느냐 이와 같이 주께서도 복음 전하는 자들이 복음으로 말미암아 살리라 명하셨느니라"(고전 9:13~14)

그러므로 성삼위 하나님의 은혜로 하나님께서 세우신 질서를 따라가며 하나님을 영화롭게 하는 우리 모두가 되기를 기도합니다.

레위기 8장 6절

"모세가 아론과 그의 아들들을 데려다가 물로 그들을 씻기고"(개역개정판)

"그리고 모세가 아론과 그의 아들들을 데리고 오게 하였다. 그리고 그는 그들을 물로 씻겼다"(원문직역)

레위기 8장은 제사장의 위임식에 관한 말씀입니다.

하나님께 쓰임 받는 사역자들은?

첫째, 하나님의 부르심을 받아야 합니다.(레 8:1~5)

"여호와께서 모세에게 말씀하여 이르시되 너는 아론과 그의 아들들과 함께 그 의복과 관유와 속죄제의 수송아지와 숫양 두 마리와 무교병 한 광주리를 가지고 온 회중을 회막 문에 모으라"(레 8:1~3)

둘째, 예수 그리스도의 보혈로 모든 죄가 정결하게 씻겨야 합니다.

"모세가 아론과 그의 아들들을 데려다가 물로 그들을 씻기고"(레 8:6)

셋째, 예수 그리스도의 의를 덧입어야 합니다.

"아론에게 속옷을 입히며 띠를 띠우고 겉옷을 입히며 에봇을 걸쳐 입히고 에봇의 장식 띠를 띠워서 에봇을 몸에 매고 흉패를 붙이고 흉패에 우림과 둠밈을 넣고 그의 머리에 관을 씌우고 그 관 위 전면에 금 패를 붙이니 곧 거룩한 관이라 여호와께서 모세에게 명령하신 것과 같았더라"(레 8:7~9)

넷째, 성령님에 의한 기름부음을 받아야 합니다.(레 8:10~13)

"또 관유를 아론의 머리에 붓고 그에게 발라 거룩하게 하고"(레 8:12)

다섯째, 죄사함의 은총가운데 거해야 합니다.

"모세가 또 속죄제의 수송아지를 끌어오니 아론과 그의 아들들이 그 속죄제의 수송아지 머리에 안수하매 모세가 잡고 그 피를 가져다가 손가락으로 그 피를 제단의 네 귀퉁이 뿔에 발라 제단을 깨끗하게 하고 그 피는 제단 밑에 쏟아 제단을 속하여 거룩하게 하고 또 내장에 덮인 모든 기름과 간 꺼풀과 두 콩팥과 그 기름을 가져다가 모세가 제단 위에 불사르고 그 수송아지 곧 그 가죽과 고기와 똥은 진영 밖에서 불살랐으니 여호와께서 모세에게 명령하심과 같았더라"(레 8:14~17)

여섯째, 예수 그리스도의 품 안에서 헌신해야 합니다.

"물로 내장과 정강이들을 씻고 모세가 그 숫양의 전부를 제단 위에서 불사르니 이는 향기로운 냄새를 위하여 드리는 번제로 여호와께 드리는 화제라 여호와께서 모세에게 명령하심과 같았더라"(레 8:21)

일곱째, 예수 그리스도의 품 안에서 자신의 삶 전체를 드려야 합니다.(레 8:22~32)

"모세가 그것을 그들의 손에서 가져다가 제단 위에 있는 번제물 위에 불사르니 이는 향기로운 냄새를 위하여 드리는 위임식 제사로 여호와께 드리는 화제라"(레 8:28)

여덟째, 성직에 전무해야 합니다.(레 8:33~36)

"위임식은 이레 동안 행하나니 위임식이 끝나는 날까지 이레 동안은 회막 문에 나가지 말라 (레 8:33)

맡은 자의 구할 것은 충성밖에 없습니다.

"그리고 맡은 자들에게 구할 것은 충성이니라"(고전 4:2)

그러므로 성삼위 하나님의 은혜로 충성하며 하나님을 영화롭게 하는 우리 모두가 되기를 기도합니다.

레위기 9장 24절

"불이 여호와 앞에서 나와 제단 위의 번제물과 기름을 사른지라 온 백성이 이를 보고 소리 지르며 엎드렸더라"(개역개정판)

"그리고 여호와 앞에서부터 불이 나왔다. 그리고 그 불이 그 제단 위에 있는 번제물과 그 기름들을 먹었다. 그리고 모든 백성들이 보았다. 그리고 그들이 소리쳤다. 그리고 그들의 얼굴을 (땅에) 떨어뜨렸다"(원문직역)

하나님의 부르심을 받고 쓰임받는 모든 그리스도인들은?

첫째, 예수 그리스도의 대속 사역 은총가운데 거해야 합니다.

"아론에게 이르되 속죄제를 위하여 흠 없는 송아지를 가져오고"(레 9:2상)

"이스라엘 자손에게 말하여 이르기를 너희는 속죄제를 위하여 숫염소를 가져오고"(레 9:3상)

"이에 아론이 제단에 나아가 자기를 위한 속죄제 송아지를 잡으매 아론의 아들들이 그 피를 아론에게 가져오니 아론이 손가락으로 그 피를 찍어 제단 뿔들에 바르고 그 피는 제단 밑에 쏟고 그 속죄제물의 기름과 콩팥과 간 꺼풀을 제단 위에서 불사르니 여호와께서 모세에게 명령하심과 같았고 그 고기와 가죽은 진영 밖에서 불사르니라"(레 9:8~11)

둘째, 예수 그리스도의 품 안에서 자신을 하나님께 드려야 합니다.

"번제를 위하여 흠 없는 숫양을 여호와 앞에 가져다 드리고"(레 9:2하)

"또 번제를 위하여 일 년 되고 흠 없는 송아지와 어린 양을 가져오고"(레 9:3하)

"아론이 또 번제물을 잡으매 아론의 아들들이 그 피를 그에게로 가져오니 그가 그 피를 제단 사방에 뿌리고 그들이 또 번제의 제물 곧 그의 각과 머리를 그에게로 가져오매 그가 제단 위에서 불사르고 또 내장과 정강이는 씻어서 단 위에 있는 번제물 위에서 불사르니라 그가 또 백성의 예물을 드리되 곧 백성을 위한 속죄제의 염소를 가져다가 잡아 전과 같이 죄를 위하여 드리고 또 번제물을 드리되 규례대로 드리고"(레 9:12~16)

셋째, 예수 그리스도의 품 안에서 하나님과 지체들과 이웃들과 화목해야 합니다.

"또 화목제를 위하여 여호와 앞에 드릴 수소와 숫양을 가져오고 또 기름 섞은 소제물을 가져오라 하라 오늘 여호와께서 너희에게 나타나실 것임이니라 하매 그들이 모세가 명령한 모든 것을 회막 앞으로 가져오고 온 회중이 나아와 여호와 앞에 선지라"(레 9:4~5)

넷째, 예수 그리스도의 품 안에서 감사와 헌신의 삶을 살아야 합니다.

"또 소제를 드리되 그 중에서 그의 손에 한 움큼을 채워서 아침 번제물에 더하여 제단 위에서 불사르고"(레 9:17)

하나님 말씀에 순종하여 속죄제와 번제와 화목제와 소제를 드린 이스라엘 백성들을 기쁘시게 받으신다는 하나님의 임재가 나타났습니다.

"아론이 백성을 향하여 손을 들어 축복함으로 속죄제와 번제와 화목제를 마치고 내려오니라 모세와 아론이 회막에 들어갔다가 나와서 백성에게 축복하매 여호와의 영광이 온 백성에게 나타나며 불이 여호와 앞에서 나와 제단 위의 번제물과 기름을 사른지라 온 백성이 이를 보고 소리 지르며 엎드렸더라"(레 9:22~24)

그러므로 성삼위 하나님의 은혜로 말씀대로 순종하며 하나님을 영화롭게 하는 우리 모두가 되기를 기도합니다.

레위기 10장 1절

"아론의 아들 나답과 아비후가 각기 향로를 가져다가 여호와께서 명령하시지 아니하신 다른 불을 담아 여호와 앞에 분향하였더니"(개역개정판)

"그리고 아론의 아들들인 나답과 아비후가 각각 그의 향로를 취하였다. 그리고 그들은 그 안에 불을 붙였다. 그리고 그들은 그 위에 향을 놓았다. 그리고 그들은 여호와 앞에서 그가 명하시지 않은 율법에 낯선 여인과 같은 불을 드렸다"(원문직역)

하나님께 부르심 받고 쓰임 받는 모든 그리스도인들은?

첫째, 교회법과 말씀에 순종해야 합니다.

"아론의 아들 나답과 아비후가 각기 향로를 가져다가 여호와께서 명령하시지 아니하신 다른 불을 담아 여호와 앞에 분향하였더니 불이 여호와 앞에서 나와 그들을 삼키매 그들이 여호와 앞에서 죽은지라"(레 10:1~2)

둘째, 징계를 달게 받아야 합니다.(레 10:3~5)

"모세가 아론의 삼촌 웃시엘의 아들 미사엘과 엘사반을 불러 그들에게 이르되 나아와 너희 형제들을 성소 앞에서 진영 밖으로 메고 나가라 하매 그들이 나와 모세가 말한 대로 그들을 옷 입은 채 진영 밖으로 메어 내니"(레 10:4~5)

셋째, 직분 담당을 신실하게 해야 합니다.

"모세가 아론과 그의 아들 엘르아살과 이다말에게 이르되 너희는 머리를 풀거나 옷을 찢지 말라 그리하여 너희가 죽음을 면하고 여호와의 진노가 온 회중에게 미침을 면하게 하라 오직 너희 형제 이스라엘 온 족속은 여호와께서 치신 불로 말미암아 슬퍼할 것이니라 여호와의 관유가 너희에게 있은즉 너희는 회막 문에 나가지 말라 그리하면 죽음을 면하리라 그들이 모세의 말대로 하니라"(레 10:6~7)

넷째, 술을 마시지 말아야 합니다.

"여호와께서 아론에게 말씀하여 이르시되 너와 네 자손들이 회막에 들어갈 때에는 포도주나 독주를 마시지 말라 그리하여 너희 죽음을 면하라 이는 너희 대대로 지킬 영영한 규례라"(레 10:8~9)

다섯째, 구별된 삶을 살아야 합니다.

"그리하여야 너희가 거룩하고 속된 것을 분별하며 부정하고 정한 것을 분별하고"(레 10:10)

여섯째, 하나님 말씀을 가르쳐야 합니다.

"또 나 여호와가 모세를 통하여 모든 규례를 이스라엘 자손에게 가르치리라"(레 10:11)

일곱째, 어떤 상황에서도 사명을 감당해야 합니다.(레 10:12~20)

"모세가 아론과 그 남은 아들 엘르아살에게와 이다말에게 이르되 여호와께 드린 화제물 중 소제의 남은 것은 지극히 거룩하니 너희는 그것을 취하여 누룩을 넣지 말고 제단 곁에서 먹되 이는 여호와의 화제물 중 네 소득과 네 아들들의 소득인즉 너희는 그것을 거룩한 곳에서 먹으라 내가 명령을 받았느니라"(레 10:12~13)

"모세가 속죄제 드린 염소를 찾은즉 이미 불살랐는지라 그가 아론의 남은 아들 엘르아살과 이다말에게 노하여 이르되 이 속죄제물은 지극히 거룩하거늘 너희가 어찌하여 거룩한 곳에서 먹지 아니하였느냐 이는 너희로 회중의 죄를 담당하여 그들을 위하여 여호와 앞에 속죄하게 하려고 너희에게 주신 것이니라"(레 10:16~17)

그리스도인들은 하나님께서 세우신 교회법과 말씀에 순종하는 사람들입니다.

그러므로 성삼위 하나님의 은혜로 교회법과 말씀에 순종하며 하나님을 영화롭게 하는 우리 모두가 되기를 기도합니다.

레위기 11장 2절

"이스라엘 자손에게 말하여 이르라 육지의 모든 짐승 중 너희가 먹을 만한 생물은 이러하니"(개역개정판)

"너희는 이스라엘 아들들에게 말하라. 말하기를 그 땅 위에 있는 모든 그 짐승들 가운데 너희들이 먹을 수 있는 동물들은 이것들이다"(원문직역)

그리스도인들에게 성결을 가르치는 모형적 가르침입니다.

성결한 그리스도인들은?

첫째, 세상에 속하지 않고 말씀을 따라 사는 사람들입니다.(레 11:3~8)

"모든 짐승 중 굽이 갈라져 쪽발이 되고 새김질하는 것은 너희가 먹되"(레 11:3)

둘째, 하나님 나라 속에서 믿음으로 사는 사람들입니다.(레 11:9~12)

"물에 있는 모든 것 중에서 너희가 먹을 만한 것은 이것이니 강과 바다와 다른 물에 있는 모든 것 중에서 지느러미와 비늘 있는 것은 너희가 먹되 물에서 움직이는 모든 것과 물에서 사는 모든 것 곧 강과 바다에 있는 것으로서 지느러미와 비늘 없는 모든 것은 너희에게 가증한 것이라"(레 11:9~10)

셋째, 온유한 사람들입니다.(레 11:13~19)

"새 중에 너희가 가증히 여길 것은 이것이라 이것들이 가증한즉 먹지 말지니 곧 독수리와 솔개와 물수리와"(레 11:13)

넷째, 전진하는 하나님 나라 속에서 사는 사람들입니다.(레 11:20~23)

"날개가 있고 네 발로 기어 다니는 곤충은 너희가 혐오할 것이로되 다만 날개가 있고 네 발로 기어 다니는 모든 곤충 중에 그 발에 뛰는 다리가 있어서 땅에서 뛰는 것은 너희가 먹을지니"(레 11:20~21)

다섯째, 죄를 가증히 여기는 사람들입니다.(레 11:24~43)

"이런 것은 너희를 부정하게 하나니 누구든지 이것들의 주검을 만지면 저녁까지 부정할 것이며 그 주검을 옮기는 모든 자는 그 옷을 빨지니 저녁까지 부정하리라"(레 11:24~25)

예수 그리스도의 대속 사역 은총으로 구원받은 그리스도인들은 죄와 부패를 멀리하며 생활 예배와 의식 예배를 드리며 날마다 삼위일체 하나님과 예수 그리스도를 알아가며 닮아가는 사람들입니다.

"나는 여호와 너희의 하나님이라 내가 거룩하니 너희도 몸을 구별하여 거룩하게 하고 땅에 기는 길짐승으로 말미암아 스스로 더럽히지 말라 나는 너희의 하나님이 되려고 너희를 애굽 땅에서 인도하여 낸 여호와라 내가 거룩하니 너희도 거룩할지어다"(레 11:44~45)

그러므로 성삼위 하나님의 은혜로 거룩의 위치에서 살아가며 하나님을 영화롭게 하는 우리 모두가 되기를 기도합니다.

레위기 12장 6절

"아들이나 딸이나 정결하게 되는 기한이 차면 그 여인은 번제를 위하여 일 년 된 어린 양을 가져가고 속죄제를 위하여 집비둘기 새끼나 산비둘기를 회막 문 제사장에게로 가져갈 것이요"(개역개정판)

"그녀의 정결한 날들이 채워지게 되면 아들이나 혹은 딸을 위하여 일 년 된 어린양을 번제로 그리고 어린 집비둘기 한 마리나 혹은 어린 집 비둘기 한 마리를 속죄제를 위해 회막의 문에 그 제사장에게 가져와야 한다"(원문직역)

레위기 12장은 출산 후의 산모와 아이에 대한 규례입니다.

사람의 속성에 대한 모형적 가르침입니다.

모든 사람은?

첫째, 죄인입니다.

"여호와께서 모세에게 말씀하여 이르시되 이스라엘 자손에게 말하여 이르라 여인이 임신하여 남자를 낳으면 그는 이레 동안 부정하리니 곧 월경할 때와 같이 부정할 것이며 여덟째 날에는 그 아이의 포피를 벨 것이요 그 여인은 아직도 삼십삼 일을 지내야 산혈이 깨끗하리니 정결하게 되는 기한이 차기 전에는 성물을 만지지도 말며 성소에 들어가지도 말 것이며 여자를 낳으면 그는 두 이레 동안 부정하리니 월경할 때와 같을 것이며 산혈이 깨끗하게 됨은 육십육 일을 지내야 하리라"(레 12:1~5)

"만물보다 거짓되고 심히 부패한 것은 마음이라 누가 능히 이를 알리요마는"(렘 17:9)

"모든 사람이 죄를 범하였으매 하나님의 영광에 이르지 못하더니"(롬 3:23)

둘째, 예수 그리스도의 대속사역으로만 깨끗해 질 수 있습니다.

"아들이나 딸이나 정결하게 되는 기한이 차면 그 여인은 번제를 위하여 일 년 된 어린 양을 가져가고 속죄제를 위하여 집비둘기 새끼나 산비둘기를 회막 문 제사장에게로 가져갈 것이요 제사장은 그것을 여호와 앞에 드려서 그 여인을 위하여 속죄할지니 그리하면 산혈이 깨끗하리라 이는 아들이나 딸을 생산한 여인에게 대한 규례니라 그 여인이 어린 양을 바치기에 힘이 미치지 못하면 산비둘기 두 마리나 집비둘기 새끼 두 마리를 가져다가 하나는 번제물로, 하나는 속죄제물로 삼을 것이요 제사장은 그를 위하여 속죄할지니 그가 정결하리라"(레 12:6~8)

"그리스도 예수 안에 있는 속량으로 말미암아 하나님의 은혜로 값 없이 의롭다 하심을 얻은 자 되었느니라"(롬 3:24)

오직 예수 그리스도만이 인류의 소망입니다.

그러므로 성삼위 하나님의 은혜로 예수 그리스도를 사랑하며 하나님을 영화롭게 하는 우리 모두가 되기를 기도합니다.

레위기 13장 2절

"만일 사람이 그의 피부에 무엇이 돋거나 뾰루지가 나거나 색점이 생겨서 그의 피부에 나병 같은 것이 생기거든 그를 곧 제사장 아론에게나 그의 아들 중 한 제사장에게로 데리고 갈 것이요"(개역개정판)

"어떤 사람이 그의 몸 피부에 부은 것이나 얼룩이나 흰 반점이 있거나 그리고 그의 몸의 피부에 나병의 발병이 있으면 그때에 그는 그 제사장 아론에게 혹은 그의 아들 중 그 제사장들에게 데려가져야 한다"(원문직역)

레위기 13장은 한센병이라 불리는 나병에 대한 규례입니다.

나병은 죄로 인한 영혼과 육신의 질병에 대한 모형적 가르침입니다.

죄는?

첫째, 영혼과 육신을 파괴하는 악 입니다.(레 13:1~8)

"만일 사람이 그의 피부에 무엇이 돋거나 뾰루지가 나거나 색점이 생겨서 그의 피부에 나병 같은 것이 생기거든"(레 13:2)

둘째, 사람을 추악하게 만듭니다.(레 13:9~17)

"사람에게 나병이 들었거든 그를 제사장에게로 데려갈 것이요 제사장은 진찰할지니 피부에 흰 점이 돋고 털이 희어지고 거기 생살이 생겼으면 이는 그의 피부의 오랜 나병이라 제사장이 부정하다 할 것이요 그가 이미 부정하였은즉 가두어두지는 않을 것이며"(레 13:9~11)

셋째, 영혼과 육신의 질병을 더욱 더 깊어지게 만듭니다.(레 13:18~23)

"피부에 종기가 생겼다가 나았고 그 종처에 흰 점이 돋거나 희고 불그스름한 색점이 생겼으면 제사장에게 보일 것이요 그는 진찰하여 피부보다 얕고 그 털이 희면 그를 부정하다 할지니 이는 종기로 된 나병의 환부임이니라"(레 13:18~20)

넷째, 방치해서는 안됩니다.(레 13:24~28)

"피부가 불에 데었는데 그 덴 곳에 불그스름하고 희거나 순전히 흰 색점이 생기면 제사장은 진찰할지니 그 색점의 털이 희고 그 자리가 피부보다 우묵하면 이는 화상에서 생긴 나병인즉 제사장이 그를 부정하다 할 것은 나병의 환부가 됨이니라"(레 13:24~25)

다섯째, 생각과 마음의 은밀한 곳에 있습니다.(레 13:29~44)

"남자나 여자의 머리에나 수염에 환부가 있으면 제사장은 진찰할지니 환부가 피부보다 우묵하고 그 자리에 누르스름하고 가는 털이 있으면 그가 그를 부정하다 할 것은 이는 옴이니라 머리에나 수염에 발생한 나병임이니라"(레 13:29~30)

"제사장은 그를 진찰할지니 그 대머리에나 이마 대머리에 돋은 색점이 희고 불그스름하여 피부에 발생한 나병과 같으면 이는 나병 환자라 부정하니 제사장이 그를 확실히 부정하다고 할 것은 그 환부가 그 머리에 있음이니라"(레 13:43~44)

죄 문제를 해결할려면?

첫째, 예수 그리스도에게 나아가야 합니다.

"만일 사람이 그의 피부에 무엇이 돋거나 뾰루지가 나거나 색점이 생겨서 그의 피부에 나병 같은 것이 생기거든 그를 곧 제사장 아론에게나 그의 아들 중 한 제사장에게로 데리고 갈 것이요"(레 13:2)

둘째, 회개해야 합니다.

"나병 환자는 옷을 찢고 머리를 풀며 윗입술을 가리고 외치기를 부정하다 부정하다 할 것이요 병 있는 날 동안은 늘 부정할 것이라 그가 부정한즉 혼자 살되 진영 밖에서 살지니라"(레 13:45~46)

셋째, 죄를 끊어버려야 합니다.

"그는 그 색점 있는 의복이나 털이나 베의 날이나 씨나 모든 가죽으로 만든 것을 불사를지니 이는 악성 나병인즉 그것을 불사를지니라"(레 13:52)

넷째, 예수 그리스도의 보혈로 씻김을 받아야 합니다.

"네가 빤 의복의 날에나 씨에나 가죽으로 만든 모든 것에 그 색점이 벗겨졌으면 그것을 다시 빨아야 정하리라"(레 13:58)

그리스도인은 하나님의 은혜로 죄를 싫어하고 미워하고 두려워하고 혐오하고 가증스럽게 여기는 사람입니다.

그러므로 성삼위 하나님의 은혜로 날마다 죄를 이기며 하나님을 영화롭게 하는 우리 모두가 되기를 기도합니다.

레위기 14장 2절

"나병 환자가 정결하게 되는 날의 규례는 이러하니 곧 그 사람을 제사장에게로 데려갈 것이요"(개역개정판)

"이것은 나병환자가 깨끗하게 되는 날의 율법이다. 그리고 그는 그 제사장에게 데려가져야 한다"(원문직역)

레위기 14장은 나병 환자의 정결 예식입니다.

죄로 인한 영적 질병과 육적 질병은?

첫째, 예수 그리스도로 회복 됩니다.(레 1:20)

"제사장은 그 정결함을 받을 자를 위하여 명령하여 살아 있는 정결한 새 두 마리와 백향목과 홍색 실과 우슬초를 가져오게 하고 제사장은 또 명령하여 그 새 하나는 흐르는 물 위 질그릇 안에서 잡게 하고 다른 새는 산 채로 가져다가 백향목과 홍색 실과 우슬초와 함께 가져다가 흐르는 물 위에서 잡은 새의 피를 찍어 나병에서 정결함을 받을 자에게 일곱 번 뿌려 정하다 하고 그 살아 있는 새는 들에 놓을지며"(레 14:4~7)

삼위일체 하나님의 공의를 만족시킨 예수 그리스도의 대속 사역 은총으로 회복됩니다.

둘째, 성령님으로 회복됩니다.

"제사장은 또 그 한 록의 기름을 취하여 자기 왼쪽 손바닥에 따르고 오른쪽 손가락으로 왼쪽 손의 기름을 찍어 그 손가락으로 그것을 여호와 앞에 일곱 번 뿌릴 것이요 손에 남은 기름은 제사장이 정결함을 받을 자의 오른쪽 귓부리와 오른쪽 엄지 손가락과 오른쪽 엄지 발가락 곧 속건제물의 피 위에 바를 것이며 아직도 그 손에 남은 기름은 제사장이 그 정결함을 받는 자의 머리에 바르고"(레 14:15~18상)

하나님의 영이시고 예수님의 영이신 성령님으로 회복됩니다.

셋째, 차별없이 회복됩니다.(레 14:21~32)

"만일 그가 가난하여 그의 힘이 미치지 못하면 그는 흔들어 자기를 속죄할 속건제를 위하여 어린 숫양 한 마리와 소제를 위하여 고운 가루 십분의 일 에바에 기름 섞은 것과 기름 한 록을 취하고 그의 힘이 미치는 대로 산비둘기 둘이나 집비둘기 새끼 둘을 가져다가 하나는 속죄제물로, 하나는 번제물로 삼아 여덟째 날에 그 결례를 위하여 그것들을 회막 문 여호와 앞 제사장에게로 가져갈 것이요"(레 14:21~23)

회복된 그리스도인은?

첫째, 예수 그리스도의 품 안에서 하나님께 자신을 드리며 감사와 헌신의 삶을 살아야 합니다.

"또 제사장은 속죄제를 드려 그 부정함으로 말미암아 정결함을 받을 자를 위하여 속죄하고 그 후에 번제물을 잡을 것이요 제사장은 그 번제와 소제를 제단에 드려 그를 위하여 속죄할 것이라 그리하면 그가 정결하리라"(레 14:19~20)

둘째, 자신과 가정을 성결하게 보존해야 합니다.(레 14:33~57)

"여호와께서 모세와 아론에게 말씀하여 이르시되 내가 네게 기업으로 주는 가나안 땅에 너희가 이를 때에 너희 기업의 땅에서 어떤 집에 나병 색점을 발생하게 하거든"(레 14:33~34)

하나님께서 그리스도인들에게 요구하시는 것은 "톰"(온전함) 입니다.

하나님의 은혜로 교리적 성결과 도덕적 성결의 위치에서 사는 그리스도인은 복 된 그리스도인들 입니다.

그러므로 성삼위 하나님의 은혜로 온전함의 위치에서 살아가며 하나님을 영화롭게 하는 우리 모두가 되기를 기도합니다.

레위기 15장 2절

"이스라엘 자손에게 말하여 이르라 누구든지 그의 몸에 유출병이 있으면 그 유출병으로 말미암아 부정한 자라"(개역개정판)

"너는 이스라엘 자손에게 말하라. 그리고 너희는 그들에게 말해야한다. 누구든지 그의 몸으로부터 그의 유출물이 흘러나오면 그것은 부정한 것이다"(원문직역)

레위기 15장은 유출병 규례와 유출병으로부터 깨끗해지는 의식법입니다.

유출병은 모든 사람은 죄인임을 가르치는 모형적 말씀입니다.(레 15:1~12, 16~30)

"여호와께서 모세와 아론에게 말씀하여 이르시되 이스라엘 자손에게 말하여 이르라 누구든지 그의 몸에 유출병이 있으면 그 유출병으로 말미암아 부정한 자라"(레 15:1~2)

"남녀가 동침하여 설정하였거든 둘 다 물로 몸을 씻을 것이며 저녁까지 부정하리라 어떤 여인이 유출을 하되 그의 몸에 그의 유출이 피이면 이레 동안 불결하니 그를 만지는 자마다 저녁까지 부정할 것이요"(레 15:18~19)

"예수께서 이르시되 너희도 아직까지 깨달음이 없느냐 입으로 들어가는 모든 것은 배로 들어가서 뒤로 내버려지는 줄 알지 못하느냐 입에서 나오는 것들은 마음에서 나오나니 이것이야말로 사람을 더럽게 하느니라 마음에서 나오는 것은 악한 생각과 살인과 간음과 음란과 도둑질과 거짓 증언과 비방이니 이런 것들이 사람을 더럽게 하는 것이요 씻지 않은 손으로 먹는 것은 사람을 더럽게 하지 못하느니라"(마 15:16~20)

죄인 된 사람이 성결해지려면?

첫째, 예수 그리스도를 믿어야 합니다.

"유출병이 있는 자는 그의 유출이 깨끗해지거든"(레 15:13상)

"그러므로 율법의 행위로 그의 앞에 의롭다 하심을 얻을 육체가 없나니 율법으로는 죄를 깨달음이니라 이제는 율법 외에 하나님의 한 의가 나타났으니 율법과 선지자들에게 증거를 받은 것이라 곧 예수 그리스도를 믿음으로 말미암아 모든 믿는 자에게 미치는 하나님의 의니 차별이 없느니라"(롬 3:20~22)

모든 사람은 예수 그리스도를 믿음으로만 의로워집니다.

둘째, 날마다 예수 그리스도의 보혈로 씻겨져야 합니다.

"그가 정결하게되기 위하여 이레를 센 후에 옷을 빨고"(레 15:13중)

"자기 두루마기를 빠는 자들은 복이 있으니 이는 그들이 생명나무에 나아가며 문들을 통하여 성에 들어갈 권세를 받으려 함이로다"(계 22:14)

셋째, 날마다 성령님으로 씻겨져야 합니다.

"흐르는 물에 그의 몸을 씻을 것이라 그러면 그가 정하리니"(레 15:13하)

성령님은 그리스도인들을 날마다 성화시키시는 분입니다.

넷째, 예수 그리스도의 대속사역 은총안에 거해야 합니다.

"여덟째 날에 산비둘기 두 마리나 집비둘기 새끼 두 마리를 자기를 위하여 가져다가 회막 문 여호와 앞으로 가서 제사장에게 줄 것이요 제사장은 그 한 마리는 속죄제로,"(레 15:14~15상)

다섯째, 예수 그리스도의 품 안에서 하나님께 자신을 온전히 드려야 합니다.

"다른 한 마리는 번제로 드려 그의 유출병으로 말미암아 여호와 앞에서 속죄할지니라"(레 15:15하)

여섯째, 죄를 싫어하고 하나님을 두려워해야 합니다.

"너희는 이와 같이 이스라엘 자손이 그들의 부정에서 떠나게 하여 그들 가운데에 있는 내 성막을 그들이 더럽히고 그들이 부정한 중에서 죽지 않도록 할지니라"(레 15:31)

삼위 일체 하나님과 예수 그리스도로 죄문제를 해결함 받은 사람은 복받은 그리스도인 입니다.

그러므로 성삼위 하나님의 은혜로 성결의 은총가운데 거하며 하나님을 영화롭게 하는 우리 모두가 되기를 기도합니다.

레위기 16장 2절

"여호와께서 모세에게 이르시되 네 형 아론에게 이르라 성소의 휘장 안 법궤 위 속죄소 앞에 아무 때나 들어오지 말라 그리하여 죽지 않도록 하라 이는 내가 구름 가운데에서 속죄소 위에 나타남이니라"(개역개정판)

"그리고 여호와께서 모세에게 말씀하셨다. 너는 네 형 아론에게 말하라. 그리고 그가 아무 때나 휘장 안쪽 그 법궤 위에 있는 그 속죄소 앞으로 들어오지 않도록 하라. 그래야 그가 죽지 않을 것이다. 왜냐하면 내가 구름 가운데 그 속죄소 위에 나타날 것이기 때문이다"(원문직역)

레위기 16장은 대속죄일 규례에 대한 말씀입니다.

이스라엘 대제사장은 1년에 한번 유대력으로 7월 10일 대속죄일 날만 지성소에 들어갈 수 있습니다.

"너희는 영원히 이 규례를 지킬지니라 일곱째 달 곧 그 달 십일에 너희는 스스로 괴롭게 하고 아무 일도 하지 말되 본토인이든지 너희 중에 거류하는 거류민이든지 그리하라 이 날에 너희를 위하여 속죄하여 너희를 정결하게 하리니 너희의 모든 죄에서 너희가 여호와 앞에 정결하리라 이는 너희에게 안식일 중의 안식일인즉 너희는 스스로 괴롭게 할지니 영원히 지킬 규례라"(레 16:29~31)

대속죄일날 이스라엘 제사장은 자신과 자신의 가족과 이스라엘 백성들의 모든 죄를 품고 하나님께 나아가는 것입니다.

"기름 부음을 받고 위임되어 자기의 아버지를 대신하여 제사장의 직분을 행하는 제사장은 속죄하되 세마포 옷 곧 거룩한 옷을 입고 지성소를 속죄하며 회막과 제단을 속죄하고 또 제사장들과 백성의 회중을 위하여 속죄할지니 이는 너희가 영원히 지킬 규례라 이스라엘 자손의 모든 죄를 위하여 일 년에 한 번 속죄할 것이니라 아론이 여호와께서 모세에게 명령하신 대로 행하니라"(레 16:32~34)

대속죄일 규례는 영원한 대제사장이신 예수 그리스도에게 성취되었습니다.

"오직 둘째 장막은 대제사장이 홀로 일 년에 한 번 들어가되 자기와 백성의 허물을 위하여 드리는 피 없이는 아니하나니 성령이 이로써 보이신 것은 첫 장막이 서 있을 동안에는 성소에 들어가는 길이 아직 나타나지 아니한 것이라 이 장막은 현재까지의 비유니 이에 따라 드리는 예물과 제사는 섬기는 자를 그 양심상 온전하게 할 수 없나니 이런 것은 먹고 마시는 것과 여러 가지 씻는 것과 함께 육체의 예법일 뿐이며 개혁할 때까지 맡겨 둔 것이니라 그리스도께서는 장래 좋은 일의 대제사장으로 오사 손으로 짓지 아니한 것 곧 이 창조에 속하지 아니한 더 크고 온전한 장막으로 말미암아 염소와 송아지의 피로 하지 아니하고 오직 자기의 피로 영원한 속죄를 이루사 단번에 성소에 들어가셨느니라"(히 9:7~12)

"그리스도께서는 참 것의 그림자인 손으로 만든 성소에 들어가지 아니하시고 바로 그 하늘에 들어가사 이제 우리를 위하여 하나님 앞에 나타나시고 대제사장이 해마다 다른 것의 피로써 성소에 들어가는 것 같이 자주 자기를 드리려고 아니하실지니 그리하면 그가 세상을 창조한 때부터 자주 고난을 받았어야 할 것이로되 이제 자기를 단번에 제물로 드려 죄를 없이 하시려고 세상 끝에 나타나셨느니라"(히 9:24~26)

영원한 대제사장이신 예수 그리스도께서는?

첫째, 우리들의 죄 문제를 십자가 대속 사역으로 해결하셨습니다.(레 16:3~28)

"아론이 성소에 들어오려면 수송아지를 속죄제물로 삼고 숫양을 번제물로 삼고 거룩한 세마포 속옷을 입으며 세마포 속바지를 몸에 입고 세마포 띠를 띠며 세마포 관을 쓸지니 이것들은 거룩한 옷이라 물로 그의 몸을 씻고 입을 것이며 이스라엘 자손의 회중에게서 속죄제물로 삼기 위하여 숫염소 두 마리와 번제물로 삼기 위하여 숫양 한 마리를 가져갈지니라 아론은 자기를 위한 속죄제의 수송아지를 드리되 자기와 집안을 위하여 속죄하고 또 그 두 염소를 가지고 회막 문 여호와 앞에 두고 두 염소를 위하여 제비 뽑되 한 제비는 여호와를 위하고 한 제비는 아사셀을 위하여 할지며 아론은 여호와를 위하여 제비 뽑은 염소를 속죄제로 드리고 아사셀을 위하여 제비 뽑은 염소는 산 채로 여호와 앞에 두었다가 그것으로 속죄하고 아사셀을 위하여 광야로 보낼지니라"(레 16:3~10)

둘째, 당신의 품 안에서 우리들을 하나님 앞에 나아가게 하셨습니다.

"그러므로 형제들아 우리가 예수의 피를 힘입어 성소에 들어갈 담력을 얻었나니 그 길은 우리를 위하여 휘장 가운데로 열어 놓으신 새로운 살 길이요 휘장은 곧 그의 육체니라 또 하나님의 집 다스리는 큰 제사장이 계시매 우리가 마음에 뿌림을 받아 악한 양심으로부터 벗어나고 몸은 맑은 물로 씻음을 받았으니 참 마음과 온전한 믿음으로 하나님께 나아가자"(히 10:19~22)

그리스도인들은 영원한 대제사장인 예수 그리스도의 품 안에서 하나님과 화목하고 하나님께 나아가는 사람들입니다.

그러므로 성삼위 하나님의 은혜로 예수 그리스도를 사랑하며 하나님을 영화롭게 하는 우리 모두가 되기를 기도합니다.

레위기 17장 4절

"먼저 회막 문으로 끌고 가서 여호와의 성막 앞에서 여호와께 예물로 드리지 아니하는 자는 피 흘린 자로 여길 것이라 그가 피를 흘렸은즉 자기 백성 중에서 끊어지리라"(개역개정판)

"그리고 그가 그것을 여호와의 성막 앞 여호와께 예물로 바치기 위해 가져오지 않으면 그 사람에게 피 흘린 자로 여겨질 것이다. 그는 피를 흘렸다. 그러므로 그 사람은 그의 백성가운데 끊어질 것이다"(원문직역)

레위기 17장은 피에 대한 규례입니다.

예수 그리스도의 대속 사역과 사람의 생명을 소중히 여기는 모형적 가르침입니다.

예수 그리스도의 대속 사역으로 구원받은 그리스도인들은?

첫째, 바른 예배를 드리는 사람들입니다.(레 17:1~9)

"이스라엘 집의 모든 사람이 소나 어린 양이나 염소를 진영 안에서 잡든지 진영 밖에서 잡든지 먼저 회막 문으로 끌고 가서 여호와의 성막 앞에서 여호와께 예물로 드리지 아니하는 자는 피 흘린 자로 여길 것이라 그가 피를 흘렸은즉 자기 백성 중에서 끊어지리라 그런즉 이스라엘 자손이 들에서 잡던 그들의 제물을 회막 문 여호와께로 끌고 가서 제사장에게 주어 화목제로 여호와께 드려야 할 것이요 제사장은 그 피를 회막 문 여호와의 제단에 뿌리고 그 기름을 불살라 여호와께 향기로운 냄새가 되게 할 것이라"(레 17:3~6)

둘째, 생명을 소중히 여기는 사람들입니다.(레 17:10~14)

"이스라엘 집 사람이나 그들 중에 거류하는 거류민 중에 무슨 피든지 먹는 자가 있으면 내가 그 피를 먹는 그 사람에게는 내 얼굴을 대하여 그를 백성 중에서 끊으리니"(레 17:10~11상)

셋째, 예수 그리스도의 보혈을 소중하게 여기는 사람들입니다.

"육체의 생명은 피에 있음이라 내가 이 피를 너희에게 주어 제단에 뿌려 너희의 생명을 위하여 속죄하게 하였나니 생명이 피에 있으므로 피가 죄를 속하느니라"(레 17:11하)

"너희가 알거니와 너희 조상이 물려 준 헛된 행실에서 대속함을 받은 것은 은이나 금 같이 없어질 것으로 된 것이 아니요 오직 흠 없고 점 없는 어린 양 같은 그리스도의 보배로운 피로 된 것이니라"(벧전 1:18~19)

넷째, 생명얻는 회개의 은총가운데 사는 사람들입니다.

"또 스스로 죽은 것이나 들짐승에게 찢겨 죽은 것을 먹은 모든 자는 본토인이거나 거류민이거나 그의 옷을 빨고 물로 몸을 씻을 것이며 저녁까지 부정하고 그 후에는 정하려니와 그가 빨지 아니하거나 그의 몸을 물로 씻지 아니하면 그가 죄를 담당하리라"(레 17:15~16)

그리스도인들은 예수 그리스도의 보혈을 소중히 여기고 영혼을 사랑하는 사람들입니다.

그러므로 성삼위 하나님의 은혜로 그리스도인의 바른 위치에서 살아가며 하나님을 영화롭게 하는 우리 모두가 되기를 기도합니다.

레위기 18장 5절

"너희는 내 규례와 법도를 지키라 사람이 이를 행하면 그로 말미암아 살리라 나는 여호와이니라"(개역개정판)

"그리고 너희는 나의 규례들과 나의 법도들을 지키라. 그 사람이 그것들을 행한다면 그것들로 살리라. 나는 여호와니라"(원문직역)

레위기 18장은 이스라엘 백성들이 가나안 땅에서 지켜야 할 규례와 법도입니다.

예수 그리스도의 대속 사역 은총으로 구원받은 그리스도인들은?

첫째, 세상을 따라가지 않는 사람들입니다.

"너희는 너희가 거주하던 애굽 땅의 풍속을 따르지 말며 내가 너희를 인도할 가나안 땅의 풍속과 규례도 행하지 말고"(레 18:3)

둘째, 하나님 말씀에 순종하는 사람들입니다.

"너희는 내 법도를 따르며 내 규례를 지켜 그대로 행하라 나는 너희의 하나님 여호와이니라 너희는 내 규례와 법도를 지키라 사람이 이를 행하면 그로 말미암아 살리라 나는 여호와이니라"(레 18:4~5)

"그러므로 너희는 내 명령을 지키고 너희가 들어가기 전에 행하던 가증한 풍속을 하나라도 따름으로 스스로 더럽히지 말라 나는 너희의 하나님 여호와이니라"(레 18:30)

셋째, 성적 타락을 따라가지 않는 사람들입니다.(레 18:6~23)

"각 사람은 자기의 살붙이를 가까이 하여 그의 하체를 범하지 말라 나는 여호와이니라"(레 18:6)

"너는 여자와 동침함 같이 남자와 동침하지 말라 이는 가증한 일이니라 너는 짐승과 교합하여 자기를 더럽히지 말며 여자는 짐승 앞에 서서 그것과 교접하지 말라 이는 문란한 일이니라"(레 18:22~23)

넷째, 영적 타락을 하지 않는 사람들입니다.

"너는 결단코 자녀를 몰렉에게 주어 불로 통과하게 함으로 네 하나님의 이름을 욕되게 하지 말라 나는 여호와이니라"(레 18:21)

성적 타락은?

첫째, 자신을 스스로 더럽히는 행위입니다.

"너희는 이 모든 일로 스스로 더럽히지 말라 내가 너희 앞에서 쫓아내는 족속들이 이 모든 일로 말미암아 더러워졌고 그 땅도 더러워졌으므로 내가 그 악으로 말미암아 벌하고 그 땅도 스스로 그 주민을 토하여 내느니라"(레 18:24~25)

둘째, 하나님의 진노의 대상입니다.

"너희가 전에 있던 그 땅 주민이 이 모든 가증한 일을 행하였고 그 땅도 더러워졌느니라 너희도 더럽히면 그 땅이 너희가 있기 전 주민을 토함 같이 너희를 토할까 하노라"(레 18:27~28)

셋째, 하나님 나라를 유업으로 받지 못하게 만듭니다.

"이 가증한 모든 일을 행하는 자는 그 백성 중에서 끊어지리라"(레 18:29)

"불의한 자가 하나님의 나라를 유업으로 받지 못할 줄을 알지 못하느냐 미혹을 받지 말라 음행하는 자나 우상 숭배하는 자나 간음하는 자나 탐색하는 자나 남색하는 자나 도적이나 탐욕을 부리는 자나 술 취하는 자나 모욕하는 자나 속여 빼앗는

자들은 하나님의 나라를 유업으로 받지 못하리라"(고전 6:9~10)

그리스도인의 몸은 하나님께서 예수 그리스도의 피로 값주고 사신 성령의 전 입니다.

"너희 몸은 너희가 하나님께로부터 받은 바 너희 가운데 계신 성령의 전인 줄을 알지 못하느냐 너희는 너희 자신의 것이 아니라 값으로 산 것이 되었으니 그런즉 너희 몸으로 하나님께 영광을 돌리라"(고전 6:19~20)

그러므로 성삼위 하나님의 은혜로 성결의 위치에서 살아가며 하나님을 영화롭게 하는 우리 모두가 되기를 기도합니다.

레위기 19장 2절

"너는 이스라엘 자손의 온 회중에게 말하여 이르라 너희는 거룩하라 이는 나 여호와 너희 하나님이 거룩함이니라"(개역개정판)

"너는 이스라엘 자손들의 모든 회중에게 말하라. 그리고 너는 그들에게 말하라. 너희들은 거룩하라. 왜냐하면 너희의 하나님 나 여호와가 거룩하기 때문이다"(원문직역)

레위기 19장은 이스라엘 백성들이 살아야 하는 거룩한 삶에 대한 말씀입니다.

예수 그리스도의 대속 사역 은총으로 구원받은 그리스도인들은?

첫째, 둘째 돌판을 지키는 사람들입니다.

"너희 각 사람은 부모를 경외하고"(레 19:3상)

제 5 계명인 부모 공경은 둘째 돌판의 대표입니다.

둘째, 첫째 돌판을 지키는 사람들입니다.

"나의 안식일을 지키라 나는 너희의 하나님 여호와이니라"(레 19:3하)

제 4 계명인 안식일을 지키는 계명은 첫째 돌판의 대표입니다.

셋째, 바른 예배를 드리는 사람들입니다.(레 19:4~8)

"너희는 헛된 것들에게로 향하지 말며 너희를 위하여 신상들을 부어 만들지 말라 나는 너희의 하나님 여호와이니라 너희는 화목제물을 여호와께 드릴 때에 기쁘게 받으시도록 드리고 그 제물은 드리는 날과 이튿날에 먹고 셋째 날까지 남았거든 불사르라"(레 19:4~6)

넷째, 가난하고 연약한 사람들을 배려하는 사람들입니다.(레 19:9~10, 23~25)

"너희가 너희의 땅에서 곡식을 거둘 때에 너는 밭 모퉁이까지 다 거두지 말고 네 떨어진 이삭도 줍지 말며 네 포도원의 열매를 다 따지 말며 네 포도원에 떨어진 열매도 줍지 말고 가난한 사람과 거류민을 위하여 버려두라 나는 너희의 하나님 여호와이니라"(레 19:9~10)

다섯째, 이웃을 사랑하는 사람들입니다.(레 19:11~18)

"너는 네 형제를 마음으로 미워하지 말며 네 이웃을 반드시 견책하라 그러면 네가 그에 대하여 죄를 담당하지 아니하리라 원수를 갚지 말며 동포를 원망하지 말며 네 이웃 사랑하기를 네 자신과 같이 사랑하라 나는 여호와이니라"(레 19:18~19)

여섯째, 하나님 말씀에 순종하는 사람들입니다.(레 19:19, 23~25)

"너희는 내 규례를 지킬지어다 네 가축을 다른 종류와 교미시키지 말며 네 밭에 두 종자를 섞어 뿌리지 말며 두 재료로 직조한 옷을 입지 말지며"(레 19:19)

일곱째, 성적 타락을 하지 않는 사람들입니다.(레 19:20~22)

"만일 어떤 사람이 다른 사람과 정혼한 여종 곧 아직 속량되거나 해방되지 못한 여인과 동침하여 설정하면 그것은 책망을 받을 일이니라 그러나 그들은 죽임을 당하지는 아니하리니 그 여인이 해방되지 못하였기 때문이니라"(레 19:20)

여덟째, 세상을 따라가지 않는 사람들입니다.(레 19:26~32)

> "너희는 무엇이든지 피째 먹지 말며 점을 치지 말며 술법을 행하지 말며 머리 가를 둥글게 깎지 말며 수염 끝을 손상하지 말며 죽은 자 때문에 너희의 살에 문신을 하지 말며 무늬를 놓지 말라 나는 여호와이니라"(레 19:26~28)

아홉째, 바르고 정당하게 행하는 사람들입니다.

> "너희는 재판할 때나 길이나 무게나 양을 잴 때 불의를 행하지 말고 공평한 저울과 공평한 추와 공평한 에바와 공평한 힌을 사용하라 나는 너희를 인도하여 애굽 땅에서 나오게 한 너희의 하나님 여호와이니라"(레 19:35~36)

그리스도인의 "카도쉬"(거룩)란 죄와 부패를 멀리하고 날마다 생활 예배와 말씀에 근거한 바른 의식 예배를 드리며 날마다 삼위일체 하나님과 예수 그리스도를 알아가며 닮아가는 것 입니다.

그러므로 성삼위 하나님의 은혜로 거룩의 위치에서 살아가며 하나님을 영화롭게 하는 우리 모두가 되기를 기도합니다.

레위기 20장 2절

"너는 이스라엘 자손에게 또 이르라 그가 이스라엘 자손이든지 이스라엘에 거류하는 거류민이든지 그의 자식을 몰렉에게 주면 반드시 죽이되 그 지방 사람이 돌로 칠 것이요"(개역개정판)

"너는 이스라엘 자손들에게 말하라. 누구든지 이스라엘 자손 중에서 그리고 이스라엘에 거주하는 나그네 중에서 그의 자녀를 몰렉에게 주는 사람은 반드시 죽임을 당해야 한다. 그 땅의 백성은 그에게 돌을 던져야 한다"(원문직역)

레위기 20장은 역겨운 죄에 대한 하나님의 진노와 심판을 다루는 말씀입니다.

예수 그리스도의 대속 사역으로 구원받은 그리스도인들은?

첫째, 우상숭배를 하지 않는 사람들입니다.(레 20:1~6, 27)

"너는 이스라엘 자손에게 또 이르라 그가 이스라엘 자손이든지 이스라엘에 거류하는 거류민이든지 그의 자식을 몰렉에게 주면 반드시 죽이되 그 지방 사람이 돌로 칠 것이요 나도 그 사람에게 진노하여 그를 그의 백성 중에서 끊으리니 이는 그가 그의 자식을 몰렉에게 주어서 내 성소를 더럽히고 내 성호를 욕되게 하였음이라"(레 20:2~3)

둘째, 거룩의 위치에서 사는 사람들입니다.(레 20:7~8, 22, 25~26)

"너희는 스스로 깨끗하게 하여 거룩할지어다 나는 너희의 하나님 여호와이니라 너희는 내 규례를 지켜 행하라 나는 너희를 거룩하게 하는 여호와이니라"(레 20:7~8)

셋째, 부모를 공경하는 사람들입니다.

"만일 누구든지 자기의 아버지나 어머니를 저주하는 자는 반드시 죽일지니 그가 자기의 아버지나 어머니를 저주하였은즉 그의 피가 자기에게로 돌아가리라"(레 20:9)

그리스도인은 하나님께서 세우신 자연 질서와 권위를 존중하는 사람들입니다.

넷째, 음란을 따라가지 않는 사람들입니다.(레 20:10~21)

"누구든지 남의 아내와 간음하는 자 곧 그의 이웃의 아내와 간음하는 자는 그 간부와 음부를 반드시 죽일지니라 누구든지 그의 아버지의 아내와 동침하는 자는 그의 아버지의 하체를 범하였은즉 둘 다 반드시 죽일지니 그들의 피가 자기들에게로 돌아가리라"(레 20:10~11)

다섯째, 세상을 따라가지 않는 사람들입니다.

"너희는 내가 너희 앞에서 쫓아내는 족속의 풍속을 따르지 말라 그들이 이 모든 일을 행하므로 내가 그들을 가증히 여기노라 내가 전에 너희에게 이르기를 너희가 그들의 땅을 기업으로 받을 것이라 내가 그 땅 곧 젖과 꿀이 흐르는 땅을 너희에게 주어 유업을 삼게 하리라 하였노라 나는 너희를 만민 중에서 구별한 너희의 하나님 여호와이니라"(레 20:23~24)

그리스도인이 거룩을 잃어버리면 모든 것을 잃어버리는 것과 같습니다.

"그러나 이제는 너희가 죄로부터 해방되고 하나님께 종이 되어 거룩함에 이르는 열매를 맺었으니 그 마지막은 영생이라"(롬 6:22)

그러므로 성삼위 하나님의 은혜로 거룩의 위치에서 살아가며 하나님을 영화롭게 하는 우리 모두가 되기를 기도합니다.

레위기 21장 6절

"그들의 하나님께 대하여 거룩하고 그들의 하나님의 이름을 욕되게 하지 말 것이며 그들은 여호와의 화제 곧 그들의 하나님의 음식을 드리는 자인즉 거룩할 것이라"(개역개정판)

"그들은 그들의 하나님께 거룩해야 한다. 그리고 그들은 그들의 하나님의 이름을 더럽히지 말아야 한다. 왜냐하면 여호와의 화제를 드리며 그들의 하나님의 음식을 그들이 드리기 때문이다. 그러므로 그들은 거룩할 것이다"(원문직역)

레위기 21장은 회막을 받들어 섬기는 제사장의 성결에 대한 말씀입니다.

예수 그리스도의 몸 된 교회를 받들어 섬기고 세워나가는 그리스도인들은?

첫째, 거룩의 위치에서 살아야 합니다.(레 21:1~9)

"여호와께서 모세에게 이르시되 아론의 자손 제사장들에게 말하여 이르라 그의 백성 중에서 죽은 자를 만짐으로 말미암아 스스로를 더럽히지 말려니와 그의 살붙이인 그의 어머니나 그의 아버지나 그의 아들이나 그의 딸이나 그의 형제나 출가하지 아니한 처녀인 그의 자매로 말미암아서는 몸을 더럽힐 수 있느니라 제사장은 그의 백성의 어른인즉 자신을 더럽혀 속되게 하지 말지니라 제사장들은 머리털을 깎아 대머리 같게 하지 말며 자기의 수염 양쪽을 깎지 말며 살을 베지 말고 그들의 하나님께 대하여 거룩하고 그들의 하나님의 이름을 욕되게 하지 말 것이며 그들은 여호와의 화제 곧 그들의 하나님의 음식을 드리는 자인즉 거룩할 것이라"(레 21:1~6)

둘째, 예수 그리스도를 드러내는 위치에서 살아야 합니다.(레 21:10~15)

"자기의 형제 중 관유로 부음을 받고 위임되어 그 예복을 입은 대제사장은 그의 머리를 풀지 말며 그의 옷을 찢지 말며 어떤 시체에든지 가까이 하지 말지니 그의 부모로 말미암아서도 더러워지게 하지 말며 그 성소에서 나오지 말며 그의 하나님의 성소를 속되게 하지 말라 이는 하나님께서 성별하신 관유가 그 위에 있음이니라 나는 여호와이니라"(레 21:10~12)

대제사장은 영원한 대제사장인 예수 그리스도를 표상하는 사람입니다.

셋째, 성결의 위치에서 살아야 합니다.(레 21:16~24)

"여호와께서 모세에게 말씀하여 이르시되 아론에게 말하여 이르라 누구든지 너의 자손 중 대대로 육체에 흠이 있는 자는 그 하나님의 음식을 드리려고 가까이 오지 못할 것이니라"(레 21:16~17)

예수 그리스도의 몸 된 교회를 받들어 섬기고 세워나가는 그리스도인들의 생명은 성결입니다.

"제사장 아론의 자손 중에 흠이 있는 자는 나와 여호와께 화제를 드리지 못할지니 그는 흠이 있은즉 나와서 그의 하나님께 음식을 드리지 못하느니라"(레 21:21)

그러므로 성삼위 하나님의 은혜로 거룩과 성결의 위치에서 예수 그리스도를 드러내며 하나님을 영화롭게 하는 우리 모두가 되기를 기도합니다.

레위기 22장 2절

"아론과 그의 아들들에게 말하여 그들로 이스라엘 자손이 내게 드리는 그 성물에 대하여 스스로 구별하여 내 성호를 욕되게 함이 없게 하라 나는 여호와이니라"(개역개정판)

"너는 아론과 그의 아들들에게 말하라. 그리고 그들이 이스라엘 아들들의 거룩한 것들로부터 자신들을 구별되게 하라. 그리고 그들이 내게 거룩하게한 내 거룩한 이름을 더럽히지 말라. 나는 여호와니라"(원문직역)

레위기 22장은 하나님께 드려진 성물을 먹는 것과 하나님께 드려지는 희생 제물에 대한 규례입니다.

예수 그리스도의 대속 사역으로 구원받은 그리스도인들은?

첫째, 성결을 따라 사는 사람들입니다.(레 22:1~9)

"그들에게 이르라 누구든지 네 자손 중에 대대로 그의 몸이 부정하면서도 이스라엘 자손이 구별하여 여호와께 드리는 성물에 가까이 하는 자는 내 앞에서 끊어지리라 나는 여호와이니라"(레 22:3)

둘째, 예수 그리스도와 동행하는 사람들입니다.(레 22:10~16)

"일반인은 성물을 먹지 못할 것이며 제사장의 객이나 품꾼도 다 성물을 먹지 못할 것이니라 그러나 제사장이 그의 돈으로 어떤 사람을 샀으면 그는 그것을 먹을 것이며 그의 집에서 출생한 자도 그렇게 하여 그들이 제사장의 음식을 먹을 것이며 제사장의 딸이 일반인에게 출가하였으면 거제의 성물을 먹지 못하되 만일 그가 과부가 되든지 이혼을 당하든지 자식이 없이 그의 친정에 돌아와서 젊었을 때

와 같으면 그는 그의 아버지 몫의 음식을 먹을 것이나 일반인은 먹지 못할 것이니라"(레 22:10~13)

"볼지어다 내가 문 밖에 서서 두드리노니 누구든지 내 음성을 듣고 문을 열면 내가 그에게로 들어가 그와 더불어 먹고 그는 나와 더불어 먹으리라"(계 3:20)

셋째, 예수 그리스도의 품 안에서 바른 예배를 드리는 사람들입니다.(레 22:17~30)

"여호와께서 모세에게 말씀하여 이르시되 아론과 그의 아들들과 이스라엘 온 족속에게 말하여 이르라 이스라엘 자손이나 그 중에 거류하는 자가 서원제물이나 자원제물로 번제와 더불어 여호와께 예물로 드리려거든 기쁘게 받으심이 되도록 소나 양이나 염소의 흠 없는 수컷으로 드릴지니 흠 있는 것은 무엇이나 너희가 드리지 말 것은 그것이 기쁘게 받으심이 되지 못할 것임이니라"(레 22:17~20)

넷째, 말씀을 따라 사는 사람들입니다.

"너희는 내 계명을 지키며 행하라 나는 여호와이니라"(레 22:31)

다섯째, 하나님의 이름을 높이는 사람들입니다.

"너희는 내 성호를 속되게 하지 말라 나는 이스라엘 자손 중에서 거룩하게 함을 받을 것이니라 나는 너희를 거룩하게 하는 여호와요"(레 22:32)

그리스도인들이 성결의 위치에서 살아야 하는 이유는 예수 그리스도의 대속 사역의 은총으로 구원받았기 때문입니다.

"너희의 하나님이 되려고 너희를 애굽 땅에서 인도하여 낸 자니 나는 여호와이니라"(레 22:33)

그러므로 성삼위 하나님의 은혜로 성결의 위치에서 살아가며 하나님을 영화롭게 하는 우리 모두가 되기를 기도합니다.

레위기 23장 3절

"엿새 동안은 일할 것이요 일곱째 날은 쉴 안식일이니 성회의 날이라 너희는 아무 일도 하지 말라 이는 너희가 거주하는 각처에서 지킬 여호와의 안식일이니라"(개역개정판)

"너희는 육 일 동안 일을 해야 한다. 그러나 칠 일 째는 안식 중의 안식일인 거룩한 성회로 너희는 어떠한 일도 하지 말라. 이날은 너희들이 거하는 모든 곳에서(지킬) 여호와의 안식일이다"(원문직역)

예수 그리스도의 대속 사역으로 구원받은그리스도인들은?

첫째, 성도의 안식일인 주일을 지키는 사람들입니다.

"엿새 동안은 일할 것이요 일곱째 날은 쉴 안식일이니 성회의 날이라 너희는 아무 일도 하지 말라 이는 너희가 거주하는 각처에서 지킬 여호와의 안식일이니라"(레 23:3)

십계명은 그리스도인들이 지켜야 하는 영원한 도덕법입니다.

둘째, 예수 그리스도의 대속 사역의 은총 안에 사는 사람들입니다.

"첫째 달 열나흗날 저녁은 여호와의 유월절이요"(레 23:5)

셋째, 죄와 부패를 멀리하는 사람들입니다.(레 23:6~8)

"이 달 열닷샛날은 여호와의 무교절이니 이레 동안 너희는 무교병을 먹을 것이요"(레 23:6)

넷째, 예수 그리스도의 품 안에서 자신을 하나님께 드리는 사람들입니다.(레 23:9~14)

"이스라엘 자손에게 말하여 이르라 너희는 내가 너희에게 주는 땅에 들어가서 너희의 곡물을 거둘 때에 너희의 곡물의 첫 이삭 한 단을 제사장에게로 가져갈 것이요"(레 23:10)

다섯째, 예수 그리스도의 품 안에서 지체들과 더불어 함께 지어져가는 사람들입니다.(레 23:15~22)

"안식일 이튿날 곧 너희가 요제로 곡식단을 가져온 날부터 세어서 일곱 안식일의 수효를 채우고 일곱 안식일 이튿날까지 합하여 오십 일을 계수하여 새 소제를 여호와께 드리되 너희의 처소에서 십분의 이 에바로 만든 떡 두 개를 가져다가 흔들지니 이는 고운 가루에 누룩을 넣어서 구운 것이요 이는 첫 요제로 여호와께 드리는 것이며"(레 23:15~17)

"그는 우리의 화평이신지라 둘로 하나를 만드사 원수 된 것 곧 중간에 막힌 담을 자기 육체로 허시고 법조문으로 된 계명의 율법을 폐하셨으니 이는 이 둘로 자기 안에서 한 새 사람을 지어 화평하게 하시고 또 십자가로 이 둘을 한 몸으로 하나님과 화목하게 하려 하심이라 원수 된 것을 십자가로 소멸하시고 또 오셔서 먼 데 있는 너희에게 평안을 전하시고 가까운 데 있는 자들에게 평안을 전하셨으니 이는 그로 말미암아 우리 둘이 한 성령 안에서 아버지께 나아감을 얻게 하려 하심이라"(엡 2:14~18)

여섯째, 예수 그리스도의 초림과 재림을 기뻐하는 사람들입니다.(레 23:23~25)

"이스라엘 자손에게 말하여 이르라 일곱째 달 곧 그 달 첫 날은 너희에게 쉬는 날이 될지니 이는 나팔을 불어 기념할 날이요 성회라"(레 23:24)

일곱째, 생명얻는 회개의 은총가운데 사는 사람들입니다.(레 23:26~32)

"일곱째 달 열흘날은 속죄일이니 너희는 성회를 열고 스스로 괴롭게 하며 여호와께 화제를 드리고 이 날에는 어떤 일도 하지 말 것은 너희를 위하여 너희 하나님 여호와 앞에 속죄할 속죄일이 됨이니라"(레 23:27~28)

여덟째, 영원한 안식을 바라보며 기뻐하고 즐거워하는 사람들입니다.(레 23:33~44)

"첫 날에는 너희가 아름다운 나무 실과와 종려나무 가지와 무성한 나무 가지와 시내 버들을 취하여 너희의 하나님 여호와 앞에서 이레 동안 즐거워할 것이라"(레 23:40)

그리스도인들은 의식법을 완성한 예수 그리스도의 품 안에서 진리를 따라 살아가는 사람들입니다.

그러므로 성삼위 하나님의 은혜로 진리 안에서 살아가며 하나님을 영화롭게 하는 우리 모두가 되기를 기도합니다.

레위기 24장 2절

"이스라엘 자손에게 명령하여 불을 켜기 위하여 감람을 찧어낸 순결한 기름을 네게로 가져오게 하여 계속해서 등잔불을 켜 둘지며"(개역개정판)

"너는 이스라엘 아들들에게 명령하라. 그리고 그들은 네게로 순결하게 찧은 올리브 기름을 가져올지라. 등불을 위해 빛이 계속해서 올라가도록"(원문직역)

레위기 24장은 등대와 거룩한 떡과 율법의 말씀으로 예수 그리스도와 예수 그리스도의 품 안에 있는 그리스도인의 정체성과 삶을 가르칩니다.

예수 그리스도의 대속 사역으로 구원받은 그리스도인들은?

첫째, 세상의 빛이신 예수 그리스도의 품 안에서 성령님의 은혜로 진리를 드러내는 사람들입니다.

"여호와께서 모세에게 말씀하여 이르시되 이스라엘 자손에게 명령하여 불을 켜기 위하여 감람을 찧어낸 순결한 기름을 네게로 가져오게 하여 계속해서 등잔불을 켜 둘지며 아론은 회막안 증거궤 휘장 밖에서 저녁부터 아침까지 여호와 앞에 항상 등잔불을 정리할지니 이는 너희 대대로 지킬 영원한 규례라 그는 여호와 앞에서 순결한 등잔대 위의 등잔들을 항상 정리할지니라"(레 24:1~4)

둘째, 생명의 떡이신 예수 그리스도의 품 안에서 자신을 하나님께 드리는 사람들입니다.(레 24:5~9)

"안식일마다 이 떡을 여호와 앞에 항상 진설할지니 이는 이스라엘 자손을 위한 것이요 영원한 언약이니라 이 떡은 아론과 그의 자손에게 돌리고 그들은 그것을 거룩한 곳에서 먹을지니 이는 여호와의 화제 중 그에게 돌리는 것으로서 지극히 거룩함이니라 이는 영원한 규례니라"(레 24:8~9)

셋째, 하나님의 이름을 높이는 사람들입니다.(레 24:10~16)

"너는 이스라엘 자손에게 말하여 이르라 누구든지 그의 하나님을 저주하면 죄를 담당할 것이요 여호와의 이름을 모독하면 그를 반드시 죽일지니 온 회중이 돌로 그를 칠 것이니라 거류민이든지 본토인이든지 여호와의 이름을 모독하면 그를 죽일지니라"(레 24:15~16)

넷째, 생명을 소중하게 여기는 사람들입니다.(레 24:17~22)

"사람이 만일 그의 이웃에게 상해를 입혔으면 그가 행한 대로 그에게 행할 것이니 상처에는 상처로, 눈에는 눈으로, 이에는 이로 갚을지라 남에게 상해를 입힌 그대로 그에게 그렇게 할 것이며 짐승을 죽인 자는 그것을 물어 줄 것이요 사람을 죽인 자는 죽일지니 거류민에게든지 본토인에게든지 그 법을 동일하게 할 것은 나는 너희의 하나님 여호와임이니라"(레 24:19~21)

그리스도인들은 예수 그리스도의 품 안에서 하나님을 사랑하고 영혼을 사랑하는 사람들입니다.

"예수께서 이르시되 네 마음을 다하고 목숨을 다하고 뜻을 다하여 주 너의 하나님을 사랑하라 하셨으니 이것이 크고 첫째 되는 계명이요 둘째도 그와 같으니 네 이웃을 네 자신 같이 사랑하라 하셨으니 이 두 계명이 온 율법과 선지자의 강령이니라"(마 22:37~40)

그러므로 성삼위 하나님의 은혜로 사랑 안에서 살아가며 하나님을 영화롭게 하는 우리 모두가 되기를 기도합니다.

레위기 25장 2절

"이스라엘 자손에게 말하여 이르라 너희는 내가 너희에게 주는 땅에 들어간 후에 그 땅으로 여호와 앞에 안식하게 하라"(개역개정판)

"너는 이스라엘 아들들에게 말하라. 그리고 너는 그들에게 말하거라. 너희는 내가 너희에게 줄 그 땅에 들어갈 경우 너는 안식하게 할지라 그 땅을 여호와께 안식으로"(원문직역)

레위기 25장은 안식년과 희년에 관한 말씀입니다.

안식년으로 성도는 영원한 안식을 누리고 새 하늘과 새 땅을 바라보며 기뻐하고 즐거워하는 사람들입니다.(레 25:1~7)

"이스라엘 자손에게 말하여 이르라 너희는 내가 너희에게 주는 땅에 들어간 후에 그 땅으로 여호와 앞에 안식하게 하라"(레 25:2)

희년으로 성도는 잃어버린 하나님 나라를 회복합니다.(레 25:8~55)

"너희는 오십 년째 해를 거룩하게 하여 그 땅에 있는 모든 주민을 위하여 자유를 공포하라 이 해는 너희에게 희년이니 너희는 각각 자기의 소유지로 돌아가며 각각 자기의 가족에게로 돌아갈지며"(레 25:10)

"너희 기업의 온 땅에서 그 토지 무르기를 허락할지니 만일 네 형제가 가난하여 그의 기업 중에서 얼마를 팔았으면 그에게 가까운 기업 무를 자가 와서 그의 형제가 판 것을 무를 것이요 만일 그것을 무를 사람이 없고 자기가 부유하게 되어 무를 힘이 있으면 그 판 해를 계수하여 그 남은 값을 산 자에게 주고 자기의 소유지로 돌릴 것이니라 그러나 자기가 무를 힘이 없으면 그 판 것이 희년에 이르기까지 산 자의 손에 있다가 희년에 이르러 돌아올지니 그것이 곧 그의 기업으로 돌아갈 것

이니라"(레 25:24~28)

"만일 너와 함께 있는 거류민이나 동거인은 부유하게 되고 그와 함께 있는 네 형제는 가난하게 되므로 그가 너와 함께 있는 거류민이나 동거인 또는 거류민의 가족의 후손에게 팔리면 그가 팔린 후에 그에게는 속량 받을 권리가 있나니 그의 형제 중 하나가 그를 속량하거나 또는 그의 삼촌이나 그의 삼촌의 아들이 그를 속량하거나 그의 가족 중 그의 살붙이 중에서 그를 속량할 것이요 그가 부유하게 되면 스스로 속량하되 자기 몸이 팔린 해로부터 희년까지를 그 산 자와 계산하여 그 연수를 따라서 그 몸의 값을 정할 때에 그 사람을 섬긴 날을 그 사람에게 고용된 날로 여길 것이라 만일 남은 해가 많으면 그 연수대로 팔린 값에서 속량하는 값을 그 사람에게 도로 주고 만일 희년까지 남은 해가 적으면 그 사람과 계산하여 그 연수대로 속량하는 그 값을 그에게 도로 줄지며 주인은 그를 매년의 삯꾼과 같이 여기고 네 목전에서 엄하게 부리지 말지니라 그가 이같이 속량되지 못하면 희년에 이르러는 그와 그의 자녀가 자유하리니"(레 25:47~53)

예수 그리스도의 대속 사역으로 회복 됩니다.

"너는 일곱 안식년을 계수할지니 이는 칠 년이 일곱 번인즉 안식년 일곱 번 동안 곧 사십구 년이라 일곱째 달 열흘날은 속죄일이니 너는 뿔나팔 소리를 내되 전국에서 뿔나팔을 크게 불지며"(레 25:8~9)

예수 그리스도께서 회복 시킵니다.

"너희 기업의 온 땅에서 그 토지 무르기를 허락할지니 만일 네 형제가 가난하여 그의 기업 중에서 얼마를 팔았으면 그에게 가까운 기업 무를 자가 와서 그의 형제가 판 것을 무를 것이요"(레 25:24~25)

"그가 팔린 후에 그에게는 속량 받을 권리가 있나니 그의 형제 중 하나가 그를 속량하거나 또는 그의 삼촌이나 그의 삼촌의 아들이 그를 속량하거나 그의 가족 중 그의 살붙이 중에서 그를 속량할 것이요"(레 25:48~49상)

하나님의 소유이므로 회복됩니다.

"나는 너희의 하나님이 되며 또 가나안 땅을 너희에게 주려고 애굽 땅에서 너희를 인도하여 낸 너희의 하나님 여호와이니라"(레 25:38)

"이스라엘 자손은 나의 종들이 됨이라 그들은 내가 애굽 땅에서 인도하여 낸 내 종이요 나는 너희의 하나님 여호와이니라"(레 25:55)

성삼위 하나님의 은혜로 하나님 나라 속에서 영원한 안식을 소망하며 하나님을 영화롭게 하는 우리 모두가 되기를 기도합니다.

레위기 26장 1절

"너희는 자기를 위하여 우상을 만들지 말지니 조각한 것이나 주상을 세우지 말며 너희 땅에 조각한 석상을 세우고 그에게 경배하지 말라 나는 너희의 하나님 여호와임이니라"(개역개정판)

"너희는 너희들을 위해 우상들을 만들지 말아야 한다. 그리고 너희는 너희를 위해 새긴 형상과 기둥을 세우지 말아야 한다. 그리고 너희는 너희 땅에 조각한 석상을 만들지 말아야 한다. 그것들에게 절하지 말아야 한다. 왜냐하면 나는 너희의 하나님 여호와이기 때문이다"(원문직역)

레위기 26장은 축복과 저주와 회복에 관한 말씀입니다.

하나님께서 그리스도인들에게 요구하는 삶은?

첫째, 바른 예배입니다.

"너희는 자기를 위하여 우상을 만들지 말지니 조각한 것이나 주상을 세우지 말며 너희 땅에 조각한 석상을 세우고 그에게 경배하지 말라 나는 너희의 하나님 여호와임이니라"(레 26:1)

둘째, 주일 성수입니다.

"너희는 내 안식일을 지키며"(레 26:2상)

셋째, 교회를 받들어 섬기고 세워나가는 것 입니다.

"내 성소를 경외하라 나는 여호와이니라"(레 26:2하)

넷째, "유스 디비눔"(신적 규례, 신적 권위, 하나님의 법)에 순종하는 것입니다.

"너희가 내 규례와 계명을 준행하면"(레 26:3)

하나님의 말씀에 순종하면 하나님께서 영광 받으시고 영광을 계속 받으시기 위해 축복하십니다.

"내가 너희에게 철따라 비를 주리니 땅은 그 산물을 내고 밭의 나무는 열매를 맺으리라 너희의 타작은 포도 딸 때까지 미치며 너희의 포도 따는 것은 파종할 때까지 미치리니 너희가 음식을 배불리 먹고 너희의 땅에 안전하게 거주하리라 내가 그 땅에 평화를 줄 것인즉 너희가 누울 때 너희를 두렵게 할 자가 없을 것이며 내가 사나운 짐승을 그 땅에서 제할 것이요 칼이 너희의 땅에 두루 행하지 아니할 것이며 너희의 원수들을 쫓으리니 그들이 너희 앞에서 칼에 엎드러질 것이라 또 너희 다섯이 백을 쫓고 너희 백이 만을 쫓으리니 너희 대적들이 너희 앞에서 칼에 엎드러질 것이며 내가 너희를 돌보아 너희를 번성하게 하고 너희를 창대하게 할 것이며 내가 너희와 함께 한 내 언약을 이행하리라 너희는 오래 두었던 묵은 곡식을 먹다가 새 곡식으로 말미암아 묵은 곡식을 치우게 될 것이며 내가 내 성막을 너희 중에 세우리니 내 마음이 너희를 싫어하지 아니할 것이며 나는 너희 중에 행하여 너희의 하나님이 되고 너희는 내 백성이 될 것이니라"(레 26:4~12)

불순종하면 순종하게 하기 위해 징계하십니다.(레 26:14~39)

"그러나 너희가 내게 청종하지 아니하여 이 모든 명령을 준행하지 아니하며 내 규례를 멸시하며 마음에 내 법도를 싫어하여 내 모든 계명을 준행하지 아니하며 내 언약을 배반할진대 내가 이같이 너희에게 행하리니 곧 내가 너희에게 놀라운 재앙을 내려 폐병과 열병으로 눈이 어둡고 생명이 쇠약하게 할 것이요 너희가 파종한 것은 헛되리니 너희의 대적이 그것을 먹을 것임이며 내가 너희를 치리니 너희가 너희의 대적에게 패할 것이요 너희를 미워하는 자가 너희를 다스릴 것이며 너희는 쫓는 자가 없어도 도망하리라 또 만일 너희가 그렇게까지 되어도 내게 청종하지 아니하면 너희의 죄로 말미암아 내가 너희를 일곱 배나 더 징벌하리라 내가 너희의 세력으로 말미암은 교만을 꺾고 너희의 하늘을 철과 같게 하며 너희 땅을 놋과 같게 하리니 너희의 수고가 헛될지라 땅은 그 산물을 내지 아니하고 땅의 나

무는 그 열매를 맺지 아니하리라"(레 26:14~20)

하나님의 말씀에 순종하게 하기 위해 회복시킵니다.(레 26:40~46)

> "그런즉 그들이 그들의 원수들의 땅에 있을 때에 내가 그들을 내버리지 아니하며 미워하지 아니하며 아주 멸하지 아니하고 그들과 맺은 내 언약을 폐하지 아니하리니 나는 여호와 그들의 하나님이 됨이니라 내가 그들의 하나님이 되기 위하여 민족들이 보는 앞에서 애굽 땅으로부터 그들을 인도하여 낸 그들의 조상과의 언약을 그들을 위하여 기억하리라 나는 여호와이니라 이것은 여호와께서 시내 산에서 자기와 이스라엘 자손 사이에 모세를 통하여 세우신 규례와 법도와 율법이니라"(레 26:44~46)

그리스도인이 하나님의 말씀에 순종해야 하는 이유는 예수 그리스도의 대속 사역으로 구원받았기 때문입니다.

> "나는 너희를 애굽 땅에서 인도해 내어 그들에게 종된 것을 면하게 한 너희의 하나님 여호와이니라 내가 너희의 멍에의 빗장을 부수고 너희를 바로 서서 걷게 하였느니라"(레 26:13)

그러므로 성삼위 하나님의 은혜로 순종의 위치에서 살아가며 하나님을 영화롭게 하는 우리 모두가 되기를 기도합니다.

레위기 27장 2절

"이스라엘 자손에게 말하여 이르라 만일 어떤 사람이 사람의 값을 여호와께 드리기로 분명히 서원하였으면 너는 그 값을 정할지니"(개역개정판)

"너는 이스라엘 백성들에게 말하라. 그리고 너는 그들에게 말할 것이다. 만일 어떤 사람이 사람에 대하여 자신의 정한 값으로 드리는 서원을 여호와께 하였으면"(원문직역)

레위기 27장은 합법적 맹세와 서원에 관한 말씀입니다.

합법적 맹세와 서원은?

첫째, 지켜야 합니다.(레 27:1~25)

"네가 정한 값은 스무 살로부터 예순 살까지는 남자면 성소의 세겔로 은 오십 세겔로 하고 여자면 그 값을 삼십 세겔로 하며 다섯 살로부터 스무 살까지는 남자면 그 값을 이십 세겔로 하고 여자면 열 세겔로 하며 일 개월로부터 다섯 살까지는 남자면 그 값을 은 다섯 세겔로하고 여자면 그 값을 은 삼 세겔로 하며 예순 살 이상은 남자면 그 값을 십오 세겔로 하고 여자는 열 세겔로 하라 그러나 서원자가 가난하여 네가 정한 값을 감당하지 못하겠으면 그를 제사장 앞으로 데리고 갈 것이요 제사장은 그 값을 정하되 그 서원자의 형편대로 값을 정할지니라"(레 27:3~8)

둘째, 경솔하게 서원해서는 안됩니다.

"만일 그가 그것을 무르려면 네가 정한 값에 그 오분의 일을 더할지니라"(레 27:13)

"만일 그 사람이 자기 집을 무르려면 네가 값을 정한 돈에 그 오분의 일을 더할지니 그리하면 자기 소유가 되리라"(레 27:15)

"만일 밭을 성별하여 드린 자가 그것을 무르려면 네가 값을 정한 돈에 그 오분의 일을 더할지니 그리하면 그것이 자기 소유가 될 것이요"(레 27:19)

셋째, 하나님께서 당신의 소유로 이미 정하신 것으로 서원해서는 안됩니다.

"오직 가축 중의 처음 난 것은 여호와께 드릴 첫 것이라 소나 양은 여호와의 것이니 누구든지 그것으로는 성별하여 드리지 못할 것이며 만일 부정한 짐승이면 네가 정한 값에 그 오분의 일을 더하여 무를 것이요 만일 무르지 아니하려면 네가 정한 값대로 팔지니라 어떤 사람이 자기 소유 중에서 오직 여호와께 온전히 바친 모든 것은 사람이든지 가축이든지 기업의 밭이든지 팔지도 못하고 무르지도 못하나니 바친 것은 다 여호와께 지극히 거룩함이며 온전히 바쳐진 그 사람은 다시 무르지 못하나니 반드시 죽일지니라 그리고 그 땅의 십분의 일 곧 그 땅의 곡식이나 나무의 열매는 그 십분의 일은 여호와의 것이니 여호와의 성물이라 또 만일 어떤 사람이 그의 십일조를 무르려면 그것에 오분의 일을 더할 것이요 모든 소나 양의 십일조는 목자의 지팡이 아래로 통과하는 것의 열 번째의 것마다 여호와의 성물이 되리라 그 우열을 가리거나 바꾸거나 하지 말라 바꾸면 둘 다 거룩하리니 무르지 못하리라"(레 27:26~33)

합법적 맹세와 서원은 자원하는 마음으로 깊은 사색가운데 믿음과 책임감으로 해야 하며 하나님 말씀에 금지된 것과 주시지 않은 능력과 자신의 힘으로 감당할 수 없는 것으로 맹세와 서원을 해서는 안됩니다.

"날이 새매 유대인들이 당을 지어 맹세하되 바울을 죽이기 전에는 먹지도 아니하고 마시지도 아니하겠다 하고"(행 23:12)

불법적 맹세와 감당할 수 없는 서원과 실행하지 말아야 하는 서원은 회개하고 이행하지 말아야 합니다.

그러므로 성삼위 하나님의 은혜로 합법적 맹세와 서원의 위치에서 살아가며 하나님을 영화롭게 하는 우리 모두가 되기를 기도합니다.

민수기

민수기 1장 2절

"너희는 이스라엘 자손의 모든 회중 각 남자의 수를 그들의 종족과 조상의 가문에 따라 그 명수대로 계수할지니"(개역개정판)

"너희는 이스라엘 아들들의 모든 회중의 머리를 세어라. 그들의 가족을 따라 그들의 가문을 따라 모든 남자의 이름들 수에 따라 그들의 머리 수대로(하라)"(원문직역)

민수기 1장은 하나님 나라 백성인 이스라엘이 신정 국가이며 동시에 구약교회라는 정체성을 위해 인구조사 하는 말씀입니다.

하나님 나라 백성들은?

첫째, 교회를 받들어 섬기고 세워나가는 사람들입니다.(민 1:1, 47~54)

"이스라엘 자손이 애굽 땅에서 나온 후 둘째 해 둘째 달 첫째 날에 여호와께서 시내 광야 회막에서 모세에게 말씀하여 이르시되"(민 1:1)

"레위인은 증거의 성막 사방에 진을 쳐서 이스라엘 자손의 회중에게 진노가 임하지 않게 할 것이라 레위인은 증거의 성막에 대한 책임을 지킬지니라 하셨음이라"(민 1:53)

둘째, 그리스도의 신령한 군사들입니다.

"너희는 이스라엘 자손의 모든 회중 각 남자의 수를 그들의 종족과 조상의 가문에 따라 그 명수대로 계수할지니 이스라엘 중 이십 세 이상으로 싸움에 나갈 만한 모든 자를 너와 아론은 그 진영별로 계수하되"(민 1:2~3)

"그러나 에바브로디도를 너희에게 보내는 것이 필요한 줄로 생각하노니 그는 나의 형제요 함께 수고하고 함께 군사 된 자요 너희 사자로 내가 쓸 것을 돕는 자라"(빌 2:25)

"우리의 씨름은 혈과 육을 상대하는 것이 아니요 통치자들과 권세들과이 어둠의 세상 주관자들과 하늘에 있는 악의 영들을 상대함이라 그러므로 하나님의 전신 갑주를 취하라 이는 악한 날에 너희가 능히 대적하고 모든 일을 행한 후에 서기 위함이라 그런즉 서서 진리로 너희 허리 띠를 띠고 의의 호심경을 붙이고 평안의 복음이 준비한 것으로 신을 신고 모든 것 위에 믿음의 방패를 가지고 이로써 능히 악한 자의 모든 불화살을 소멸하고 구원의 투구와 성령의 검 곧 하나님의 말씀을 가지라"(엡 6:12~17)

셋째, 교회 질서를 따라가는 사람들입니다.(민 1:4~16)

"각 지파의 각 조상의 가문의 우두머리 한 사람씩을 너희와 함께 하게 하라"(민 1:4)

"그들은 회중에서 부름을 받은 자요 그 조상 지파의 지휘관으로서 이스라엘 종족들의 우두머리라"(민 1:16)

넷째, 하나님 나라와 의를 위해 사는 사람들입니다.(민 1:17~46)

"모세와 아론이 지명된 이 사람들을 데리고 둘째 달 첫째 날에 온 회중을 모으니 그들이 각 종족과 조상의 가문에 따라 이십 세 이상인 남자의 이름을 자기 계통별로 신고하매 여호와께서 모세에게 명령하신 대로 그가 시내 광야에서 그들을 계수하였더라"(민 1:17~19)

그리스도인은 하나님 말씀에 순종하는 사람들입니다.

"이스라엘 자손이 그대로 행하되 여호와께서 모세에게 명령하신 대로 행하였더라"(민 1:54)

그러므로 성삼위 하나님의 은혜로 하나님 말씀에 순종하며 하나님을 영화롭게 하는 우리 모두가 되기를 기도합니다.

민수기 2장 2절

"이스라엘 자손은 각각 자기의 진영의 군기와 자기의 조상의 가문의 기호 곁에 진을 치되 회막을 향하여 사방으로 치라"(개역개정판)

"이스라엘 아들들은 각 사람은 그들의 기와 그들의 아버지들의 집들을 위한 표시 옆에 진을 쳐야 한다. 회막의 사면에 마주하여 진을 쳐야 한다"(원문직역)

민수기 2장은 이스라엘의 열 두 지파가 성막을 중심으로 진을 칠 것을 가르치는 말씀입니다.

성막을 중심으로 진을 치고 사는 하나님 나라 백성들은?

첫째, 예수 그리스도를 자신의 주인으로 모시고 살아야 합니다.

"이스라엘 자손은 각각 자기의 진영의 군기와 자기의 조상의 가문의 기호 곁에 진을 치되 회막을 향하여 사방으로 치라"(민 2:2)

"내가 그리스도와 함께 십자가에 못 박혔나니 그런즉 이제는 내가 사는 것이 아니요 오직 내 안에 그리스도께서 사시는 것이라 이제 내가 육체 가운데 사는 것은 나를 사랑하사 나를 위하여 자기 자신을 버리신 하나님의 아들을 믿는 믿음 안에서 사는 것이라"(갈 2:20)

둘째, 하나님 중심으로 살아야 합니다.

"이스라엘 자손은 각각 자기의 진영의 군기와 자기의 조상의 가문의 기호 곁에 진을 치되 회막을 향하여 사방으로 치라"(민 2:2)

"만물을 그에게 복종하게 하실 때에는 아들 자신도 그 때에 만물을 자기에게 복종하게 하신 이에게 복종하게 되리니 이는 하나님이 만유의 주로서 만유 안에 계시려 하심이라"(고전 15:28)

셋째, 예수 그리스도의 몸 된 교회를 중심으로 살아야 합니다.

"이스라엘 자손은 각각 자기의 진영의 군기와 자기의 조상의 가문의 기호 곁에 진을 치되 회막을 향하여 사방으로 치라"(민 2:2)

"그러나 예수는 성전된 자기 육체를 가리켜 말씀하신 것이라"(요 2:21)

넷째, 신령한 그리스도의 군사로 살아야 합니다.(민 2:3~32)

"동방 해 돋는 쪽에 진 칠 자는 그 진영별로 유다의 진영의 군기에 속한 자라 유다 자손의 지휘관은 암미나답의 아들 나손이요 그의 군대로 계수된 자가 칠만 사천 육백 명이며"(민 2:3~4)

"이상은 이스라엘 자손이 그들의 조상의 가문을 따라 계수된 자니 모든 진영의 군인 곧 계수된 자의 총계는 육십만 삼천오백오십 명이며"(민 2:32)

"그러나 에바브로디도를 너희에게 보내는 것이 필요한 줄로 생각하노니 그는 나의 형제요 함께 수고하고 함께 군사 된 자요 너희 사자로 내가 쓸 것을 돕는 자라"(빌 2:25)

다섯째, 교회법에 순종하며 살아야 합니다.

"그 다음에 회막이 레위인의 진영과 함께 모든 진영의 중앙에 있어 행진하되 그들의 진 친 순서대로 각 사람은 자기의 위치에서 자기들의 기를 따라 앞으로 행진할지니라"(민 2:17)

"레위인은 이스라엘 자손과 함께 계수되지 아니하였으니 여호와께서 모세에게 명령하심과 같았느니라 이스라엘 자손이 여호와께서 모세에게 명령하신 대로 다 준행하여 각기 종족과 조상의 가문에 따르며 자기들의 기를 따라 진 치기도 하며 행진하기도 하였더라"(민 2:33~34)

"하나님은 무질서의 하나님이 아니시요 오직 화평의 하나님이시니라"(고전 14:33상)

그리스도인들은 예수 그리스도를 자신의 주인으로 모시고 하나님 나라 속에서 교회법에 순종하며 교회를 받들어 섬기고 세워 나아가며 성령님의 능력으로 영적 전쟁에서 승리하며 하나님을 영화롭게 하는 사람들입니다.

그러므로 성삼위 하나님의 은혜로 그리스도인의 바른 위치에서 살아가며 하나님을 영화롭게 하는 우리 모두가 되기를 기도합니다.

민수기 3장 1절

"여호와께서 시내 산에서 모세와 말씀하실 때에 아론과 모세가 낳은 자는 이러하니라"(개역개정판)

"그리고 이들은 여호와께서 시내산에서 모세에게 말씀하셨던 날에 있었던 아론과 모세의 후예들이다"(원문직역)

민수기 3장은 제사장 직분과 레위인들의 직분을 가르치고 있습니다.

제사장 직분을 담당하는 아론과 그 아들들은 예수 그리스도를 예표합니다. 제사장을 섬기고 보좌하는 레위인들은 목회자들과 헌신하는 모든 그리스도인을 예표합니다. 예수 그리스도의 대속 사역으로 구원 받은 모든 그리스도인은 만인 제사장입니다.

"그러나 너희는 택하신 족속이요 왕 같은 제사장들이요 거룩한 나라요 그의 소유가 된 백성이니 이는 너희를 어두운 데서 불러 내어 그의 기이한 빛에 들어가게 하신 이의 아름다운 덕을 선포하게 하려 하심이라"(벧전 2:9)

만인 제사장인 그리스도인들은?

첫째, 예수 그리스도를 받들어 섬기는 사람들입니다.

"여호와께서 또 모세에게 말씀하여 이르시되 레위 지파는 나아가 제사장 아론 앞에 서서 그에게 시종하게 하라"(민 3:5~6)

둘째, 교회의 머리 되시는 예수 그리스도와 교회를 받들어 섬기는 사람들입니다.

"그들이 회막 앞에서 아론의 직무와 온 회중의 직무를 위하여 회막에서 시무하되 곧 회막의 모든 기구를 맡아 지키며 이스라엘 자손의 직무를 위하여 성막에서 시무할지니 너는 레위인을 아론과 그의 아들들에게 맡기라 그들은 이스라엘 자손 중에서 아론에게 온전히 맡겨진 자들이니라"(민 3:7~9)

셋째, 하나님의 소유입니다.

"보라 내가 이스라엘 자손 중에서 레위인을 택하여 이스라엘 자손 중에 태를 열어 태어난 모든 자를 대신하게 하였은즉 레위인은 내 것이라 처음 태어난 자는 다 내 것임은 내가 애굽 땅에서 그 처음 태어난 자를 다 죽이던 날에 이스라엘의 처음 태어난 자는 사람이나 짐승을 다 거룩하게 구별하였음이니 그들은 내 것이 될 것임이니라 나는 여호와이니라"(민 3:12~13)

"나는 여호와라 이스라엘 자손 중 모든 처음 태어난 자 대신에 레위인을 내게 돌리고 또 이스라엘 자손의 가축 중 모든 처음 태어난 것 대신에 레위인의 가축을 내게 돌리라"(민 3:41)

"이스라엘 자손 중 모든 처음 태어난 자 대신에 레위인을 취하고 또 그들의 가축 대신에 레위인의 가축을 취하라 레위인은 내 것이라 나는 여호와니라"(민 3:45)

넷째, 교회법에 순종하는 사람들입니다.(민 3:14~43)

"계수된 자 곧 일 개월 이상 된 남자의 수효 합계는 칠천오백 명이며 게르손 종족들은 성막 뒤 곧 서쪽에 진을 칠 것이요"(민 3:22~23)

"계수된 자로서 출생 후 일 개월 이상 된 남자는 모두 팔천육백 명인데 성소를 맡을 것이며 고핫 자손의 종족들은 성막 남쪽에 진을 칠 것이요"(민 3:28~29)

"그 계수된 자 곧 일 개월 이상 된 남자는 모두 육천이백 명이며 아비하일의 아들 수리엘은 므라리 종족과 조상의 가문의 지휘관이 될 것이요 이 종족은 성막 북쪽에 진을 칠 것이며"(민 3:34~35)

"성막 앞 동쪽 곧 회막 앞 해 돋는 쪽에는 모세와 아론과 아론의 아들들이 진을 치고"(민 3:38상)

교회를 받들어 섬기고 세워 나가는 모든 그리스도인들은 하나님께서 세우신 질서에 순종하는 사람들입니다.

죄인된 모든 사람은 중보자이신 예수 그리스도없이 하나님께 나아갈 수 없습니다.

> "너는 아론과 그의 아들들을 세워 제사장 직무를 행하게 하라 외인이 가까이 하면 죽임을 당할 것이니라"(민 3:10)

> "성막 앞 동쪽 곧 회막 앞 해 돋는 쪽에는 모세와 아론과 아론의 아들들이 진을 치고 이스라엘 자손의 직무를 위하여 성소의 직무를 수행할 것이며 외인이 가까이 하면 죽일지니라"(민 3:38)

그러므로 성삼위 하나님의 은혜로 교회의 질서를 따라 맡은 직분에 충성하며 하나님을 영화롭게 하는 우리 모두가 되기를 기도합니다.

민수기 4장 49절

"그들이 할 일과 짐을 메는 일을 따라 모세에게 계수되었으되 여호와께서 모세에게 명령하신 대로 그들이 계수되었더라"(개역개정판)

"여호와의 명령대로 그들은 모세의 손으로 세어졌다. 각각 그들의 일과 그리고 그들의 짐 지는 일에 따라 그들이 세어졌다. 여호와께서 모세에게 명령하신 대로였다"(원문직역)

민수기 4장은 회막을 섬기기 위해 부름받은 레위인들의 직무를 가르치고 있습니다.

교회를 섬기기 위해 부름받은 그리스도인들은?

첫째, 인생의 가장 기름진 부분을 하나님께 드려야 합니다.

"곧 삼십 세 이상으로 오십 세까지 회막의 일을 하기 위하여 그 역사에 참가할 만한 모든 자를 계수하라"(민 3:3)

"삼십 세 이상으로 오십 세까지 회막에서 복무하고 봉사할 모든 자를 계수하라"(민 4:23)

"삼십 세부터 오십 세까지 회막에서 복무하고 봉사할 모든 자를 계수하라"(민 4:30)

둘째, 주어진 은사를 따라 섬겨야 합니다.

"고핫 자손이 회막 안의 지성물에 대하여 할 일은 이러하니라"(민 4:4)

"게르손 종족의 할 일과 멜 것은 이러하니 곧 그들이 성막의 휘장들과 회막과 그 덮개와 그 위의 해달의 가죽 덮개와 회막 휘장 문을 메며 뜰의 휘장과 성막과 제단 사방에 있는 뜰의 휘장 문과 그 줄들과 그것에 사용하는 모든 기구를 메며 이 모든 것을 이렇게 맡아 처리할 것이라"(민 4:24~26)

"그들이 직무를 따라 회막에서 할 모든 일 곧 그 멜 것은 이러하니 곧 장막의 널판들과 그 띠들과 그 기둥들과 그 받침들과 뜰 둘레의 기둥들과 그 받침들과 그 말뚝들과 그 줄들과 그 모든 기구들과 그것에 쓰는 모든 것이라 너희는 그들이 맡아 멜 모든 기구의 품목을 지정하라"(민 4:31~32)

셋째, 교회 질서에 순종해야 합니다.

"진영을 떠날 때에 아론과 그의 아들들이 성소와 성소의 모든 기구 덮는 일을 마치거든 고핫 자손들이 와서 멜 것이니라 그러나 성물은 만지지 말라 그들이 죽으리라 회막 물건 중에서 이것들은 고핫 자손이 멜 것이며 제사장 아론의 아들 엘르아살이 맡을 것은 등유와 태우는 향과 항상 드리는 소제물과 관유이며 또 장막 전체와 그 중에 있는 모든 것과 성소와 그 모든 기구니라"(민 4:15~16)

"게르손 자손의 종족들이 회막에서 할 일은 이러하며 그들의 직무는 제사장 아론의 아들 이다말이 감독할지니라"(민 4:28)

"이는 제사장 아론의 아들 이다말의 수하에 있을 므라리 자손의 종족들이 그 모든 직무대로 회막에서 행할 일이니라"(민 4:33)

교회를 받들어 섬기고 세워 나아가는 그리스도인이 구할 것은 충성입니다.

"그리고 맡은 자들에게 구할 것은 충성이니라"(고전 4:2)

"네가 죽도록 충성하라 그리하면 내가 생명의 관을 네게 주리라"(계 2:10하)

그러므로 성삼위 하나님의 은혜로 충성하며 하나님을 영화롭게 하는 우리 모두가 되기를 기도합니다.

민수기 5장 2절

"이스라엘 자손에게 명령하여 모든 나병 환자와 유출증이 있는 자와 주검으로 부정하게 된 자를 다 진영 밖으로 내보내되"(개역개정판)

"너는 이스라엘 아들들에게 명령하라. 모든 나병 환자와 모든 유출병 환자와 시체를 만져서 부정하게 된 모든 자를 그 진영 밖으로 내보내라"(원문직역)

민수기 5장은 성막을 중심으로한 진영의 정결과 의심의 법에 대한 말씀입니다.

예수 그리스도의 대속사역으로 구원받은 그리스도인들은?

첫째, 성결한 교회를 세우는 사람들입니다.

"여호와께서 모세에게 말씀하여 이르시되 이스라엘 자손에게 명령하여 모든 나병 환자와 유출증이 있는 자와 주검으로 부정하게 된 자를 다 진영 밖으로 내보내되 남녀를 막론하고 다 진영 밖으로 내보내어 그들이 진영을 더럽히게 하지 말라 내가 그 진영 가운데에 거하느니라 하시매 이스라엘 자손이 그같이 행하여 그들을 진영 밖으로 내보냈으니 곧 여호와께서 모세에게 이르신 대로 이스라엘 자손이 행하였더라"(민 5:1~4)

둘째, 생명얻는 회개의 은총가운데 사는 사람들입니다.(민 5:5~10)

"여호와께서 모세에게 말씀하여 이르시되 이스라엘 자손에게 이르라 남자나 여자나 사람들이 범하는 죄를 범하여 여호와께 거역함으로 죄를 지으면 그 지은 죄를 자복하고 그 죄 값을 온전히 갚되 오분의 일을 더하여 그가 죄를 지었던 그 사람에게 돌려줄 것이요 만일 죄 값을 받을 만한 친척이 없으면 그 죄 값을 여호와께 드려 제사장에게로 돌릴 것이니 이는 그를 위하여 속죄할 속죄의 숫양과 함께 돌릴 것이니라"(민 5:5~8)

셋째, 거룩한 가정을 세우는 사람들입니다.(민 5:11~31)

"여호와께서 모세에게 말씀하여 이르시되 이스라엘 자손에게 말하여 그들에게 이르라 만일 어떤 사람의 아내가 탈선하여 남편에게 신의를 저버렸고 한 남자가 그 여자와 동침하였으나 그의 남편의 눈에 숨겨 드러나지 아니하였고 그 여자의 더러워진 일에 증인도 없고 그가 잡히지도 아니하였어도 그 남편이 의심이 생겨 그 아내를 의심하였는데 그의 아내가 더럽혀졌거나 또는 그 남편이 의심이 생겨 그 아내를 의심하였으나 그 아내가 더럽혀지지 아니하였든지 그의 아내를 데리고 제사장에게로 가서 그를 위하여 보리 가루 십분의 일 에바를 헌물로 드리되 그것에 기름도 붓지 말고 유향도 두지 말라 이는 의심의 소제요 죄악을 기억나게 하는 기억의 소제라"(민 5:11~15)

그리스도인들은 예수 그리스도의 품 안에서 바른 교회와 바른 가정을 세워가는 사람들입니다.

그러므로 성삼위 하나님의 은혜로 바른 교회와 바른 가정을 세우며 하나님을 영화롭게 하는 우리 모두가 되기를 기도합니다.

민수기 6장 2절

"이스라엘 자손에게 전하여 그들에게 이르라 남자나 여자가 특별한 서원 곧 나실인의 서원을 하고 자기 몸을 구별하여 여호와께 드리려고 하면"(개역개정판)

"너는 이스라엘 아들들에게 말하라. 그리고 너는 그들에게 말해야 한다. 어떤 남자나 여자가 만일 그가 구별하여 여호와께 나실인의 서원을 특별히 서원하려고 하면"(원문직역)

민수기 6장은 나실인 규례에 대한 말씀입니다.

나실인은 예수 그리스도의 대속 사역으로 구원받은 그리스도인을 표상합니다.

"그러나 너희는 택하신 족속이요 왕 같은 제사장들이요 거룩한 나라요 그의 소유가 된 백성이니 이는 너희를 어두운 데서 불러 내어 그의 기이한 빛에 들어가게 하신 이의 아름다운 덕을 선포하게 하려 하심이라"(벧전 2:9)

예수 그리스도의 대속사역으로 구원받은 그리스도인들은?

첫째, 세상을 사랑하지 않는 사람들입니다.

"포도주와 독주를 멀리하며 포도주로 된 초나 독주로 된 초를 마시지 말며 포도즙도 마시지 말며 생포도나 건포도도 먹지 말지니 자기 몸을 구별하는 모든 날 동안에는 포도나무 소산은 씨나 껍질이라도 먹지 말지며"(민 6:3~4)

둘째, 예수 그리스도를 자신의 주인으로 모신 사람들입니다.

"그 서원을 하고 구별하는 모든 날 동안은 삭도를 절대로 그의 머리에 대지 말 것이라 자기 몸을 구별하여 여호와께 드리는 날이 차기까지 그는 거룩한즉 그의 머리털을 길게 자라게 할 것이며"(민 6:5)

셋째, 죄를 따라가지 않는 사람들입니다.(민 6:6~12)

"자기의 몸을 구별하여 여호와께 드리는 모든 날 동안은 시체를 가까이 하지 말 것이요 그의 부모 형제 자매가 죽은 때에라도 그로 말미암아 몸을 더럽히지 말 것이니 이는 자기의 몸을 구별하여 하나님께 드리는 표가 그의 머리에 있음이라 자기의 몸을 구별하는 모든 날 동안 그는 여호와께 거룩한 자니라"(민 6:6~8)

넷째, 예수 그리스도의 대속사역의 은총 안에서 하나님께 자신을 드리고 지체들과 화목하며 감사와 헌신의 삶을 사는 사람들입니다.(민 6:13~21)

"나실인의 법은 이러하니라 자기의 몸을 구별한 날이 차면 그 사람을 회막 문으로 데리고 갈 것이요 그는 여호와께 헌물을 드리되 번제물로 일 년 된 흠 없는 숫양 한 마리와 속죄제물로 일 년 된 흠 없는 어린 암양 한 마리와 화목제물로 흠 없는 숫양 한 마리와 무교병 한 광주리와 고운 가루에 기름 섞은 과자들과 기름 바른 무교전병들과 그 소제물과 전제물을 드릴 것이요"(민 6:13~15)

하나님께서는 구별된 나실인 삶을 사는 그리스도인들에게 복을 주십니다.(민 6:22~27)

"여호와는 네게 복을 주시고 너를 지키시기를 원하며 여호와는 그의 얼굴을 네게 비추사 은혜 베푸시기를 원하며 여호와는 그 얼굴을 네게로 향하여 드사 평강 주시기를 원하노라 할지니라 하라"(민 6:24~26)

그러므로 성삼위 하나님의 은혜로 구별된 나실인의 삶을 살아가며 하나님을 영화롭게 하는 우리 모두가 되기를 기도합니다.

민수기 7장 2절

"이스라엘 지휘관들 곧 그들의 조상의 가문의 우두머리들이요 그 지파의 지휘관으로서 그 계수함을 받은 자의 감독된 자들이 헌물을 드렸으니"(개역개정판)

"그리고 이스라엘의 지도자들, 곧 그들 아버지 집들의 우두머리들이며 그 지파의 지도자들이고 계수된 자들 옆에 서 있었던 자들이 나와왔다"(원문직역)

민수기 7장은 성막 봉헌을 위해 바친 예물들을 기록하고 있습니다.

교회는 하나님의 은혜로 세워집니다.

"모세가 장막 세우기를 끝내고 그것에 기름을 발라 거룩히 구별하고 또 그 모든 기구와 제단과 그 모든 기물에 기름을 발라 거룩히 구별한 날에"(민 7:1)

"그가 내게 대답하여 이르되 여호와께서 스룹바벨에게 하신 말씀이 이러하니라 만군의 여호와께서 말씀하시되 이는 힘으로 되지 아니하며 능력으로 되지 아니하고 오직 나의 영으로 되느니라"(슥 4:6)

하나님의 은혜로 세워지는 교회를 받들어 섬기고 세워 나아가는 그리스도인들은?

첫째, 자원하는 예물을 드리는 사람들입니다.

"이스라엘 지휘관들 곧 그들의 조상의 가문의 우두머리들이요 그 지파의 지휘관으로서 그 계수함을 받은 자의 감독된 자들이 헌물을 드렸으니"(민 7:2)

둘째, 당위성과 필연성으로 예물을 드리는 사람들입니다.(민 7:3~10)

"그들이 여호와께 드린 헌물은 덮개 있는 수레 여섯 대와 소 열두 마리이니 지휘관 두 사람에 수레가 하나씩이요 지휘관 한 사람에 소가 한 마리씩이라 그것들을 장막 앞에 드린지라"(민 7:3)

셋째, 예수 그리스도의 대속사역의 은총의 터 위에서 자신을 드리고 지체들과 화목하며 예물을 드리는 사람들입니다.(민 7:11~88)

"여호와께서 모세에게 이르시기를 지휘관들은 하루 한 사람씩 제단의 봉헌물을 드릴지니라 하셨더라 첫째 날에 헌물을 드린 자는 유다 지파 암미나답의 아들 나손이라 그의 헌물은 성소의 세겔로 백삼십 세겔 무게의 은반 하나와 칠십 세겔 무게의 은 바리 하나라 이 두 그릇에는 소제물로 기름 섞은 고운 가루를 채웠고 또 열 세겔 무게의 금 그릇 하나라 그것에는 향을 채웠고 또 번제물로 수송아지 한 마리와 숫양 한 마리와 일 년 된 어린 숫양 한 마리이며 속죄제물로 숫염소 한 마리이며 화목제물로 소 두 마리와 숫양 다섯 마리와 숫염소 다섯 마리와 일 년 된 어린 숫양 다섯 마리라 이는 암미나답의 아들 나손의 헌물이었더라"(민 7:11~17)

그리스도인들은 예수 그리스도의 몸 된 교회를 받들어 섬기고 세워 나가는 사람들입니다.

그러므로 성삼위 하나님의 은혜로 교회를 받들어 섬기고 세워 나아가며 하나님을 영화롭게 하는 우리 모두가 되기를 기도합니다.

민수기 8장 6절

"이스라엘 자손 중에서 레위인을 데려다가 정결하게 하라"(개역개정판)

"너는 그 레위인들을 이스라엘 아들들 중에서 취하라. 그리고 너는 그들을 정결케 하여라"(원문직역)

교회는 세상의 빛이신 예수 그리스도를 온 천하 만방에 선포하는 진리의 기둥과 터 입니다.

"여호와께서 또 모세에게 말씀하여 이르시되 아론에게 말하여 이르라 등불을 켤 때에는 일곱 등잔을 등잔대 앞으로 비추게 할지니라 하시매 아론이 그리하여 등불을 등잔대 앞으로 비추도록 켰으니 여호와께서 모세에게 명령하심과 같았더라 이 등잔대의 제작법은 이러하니 곧 금을 쳐서 만든 것인데 밑판에서 그 꽃까지 쳐서 만든 것이라 모세가 여호와께서 자기에게 보이신 양식을 따라 이 등잔대를 만들었더라"(민 8:1~4)

"만일 내가 지체하면 너로 하여금 하나님의 집에서 어떻게 행하여야 할지를 알게 하려 함이니 이 집은 살아 계신 하나님의 교회요 진리의 기둥과 터니라"(딤전 3:15)

예수 그리스도의 몸 된 교회를 위해 헌신 하는 직분자들은?

첫째, 성결해야 하는 사람들입니다.

"여호와께서 모세에게 말씀하여 이르시되 이스라엘 자손 중에서 레위인을 데려다가 정결하게 하라 너는 이같이 하여 그들을 정결하게 하되 곧 속죄의 물을 그들에게 뿌리고 그들에게 그들의 전신을 삭도로 밀게 하고 그 의복을 빨게 하여 몸을 정결하게 하고"(민 8:5~7)

교리적 성결과 도덕적 성결을 갖추어야 합니다.

둘째, 예수 그리스도의 품 안에서 자신을 하나님께 드리며 감사와 헌신의 삶을 살아야 하는 사람들입니다.

> "또 그들에게 수송아지 한 마리를 번제물로, 기름 섞은 고운 가루를 그 소제물로 가져오게 하고 그 외에 너는 또 수송아지 한 마리를 속죄제물로 가져오고"(민 8:8)

셋째, 직분을 위해 교회로부터 공적 안수를 받은 사람들입니다.

> "레위인을 회막 앞에 나오게 하고 이스라엘 자손의 온 회중을 모으고 레위인을 여호와 앞에 나오게 하고 이스라엘 자손이 그들에게 안수하게 한 후에 아론이 이스라엘 자손을 위하여 레위인을 흔들어 바치는 제물로 여호와 앞에 드릴지니 이는 그들에게 여호와께 봉사하게 하기 위함이라"(민 8:9~11)

넷째, 하나님께 드려진 사람들입니다.(민 8:12~18)

> "레위인으로 수송아지들의 머리에 안수하게 하고 네가 그 하나는 속죄제물로, 하나는 번제물로 여호와께 드려 레위인을 속죄하고 레위인을 아론과 그의 아들들 앞에 세워 여호와께 요제로 드릴지니라"(민 8:12~13)

다섯째, 예수 그리스도의 소유입니다.

> "내가 이스라엘 자손 중에서 레위인을 취하여 그들을 아론과 그의 아들들에게 주어"(민 8:19상)

여섯째, 성도들을 위해 헌신하는 사람들입니다.

> "그들로 회막에서 이스라엘 자손을 대신하여 봉사하게 하며 또 이스라엘 자손을 위하여 속죄하게 하였나니 이는 이스라엘 자손이 성소에 가까이 할 때에 그들 중에 재앙이 없게 하려 하였음이니라"(민 8:19하)

일곱째, 하나님의 은혜로 인생의 가장 기름진 부분을 드리는 사람들입니다.(민 8:24~26)

> "레위인은 이같이 할지니 곧 이십오 세 이상으로는 회막에 들어가서 복무하고 봉사할 것이요"(민 8:24)

교회 직분자들은 예수 그리스도의 몸 된 교회를 받들어 섬기고 세워 나가는 사람들입니다.

그러므로 성삼위 하나님의 은혜로 교회를 받들어 섬기고 세워 나아가며 하나님을 영화롭게 하는 우리 모두가 되기를 기도합니다.

민수기 9장 2절

"이스라엘 자손에게 유월절을 그 정한 기일에 지키게 하라"(개역개정판)

"그리고 이스라엘 아들들은 그 정한 때에 그 유월절을 지키게 하여라"(원문직역)

예수 그리스도의 대속 사역으로 구원받은 그리스도인들은?

첫째, 예수 그리스도의 대속사역의 은총 안에 사는 사람들입니다.(민 9:1~14)

"애굽 땅에서 나온 다음 해 첫째 달에 여호와께서 시내 광야에서 모세에게 말씀하여 이르시되 이스라엘 자손에게 유월절을 그 정한 기일에 지키게 하라 그 정한 기일 곧 이 달 열넷째 날 해 질 때에 너희는 그것을 지키되 그 모든 율례와 그 모든 규례대로 지킬지니라"(민 9:1~3)

둘째, 성령님의 가르치심과 인도하심과 보호하심과 능력주심 가운데 사는 사람들입니다.(민 9:15~21)

"성막을 세운 날에 구름이 성막 곧 증거의 성막을 덮었고 저녁이 되면 성막 위에 불 모양 같은 것이 나타나서 아침까지 이르렀으되 항상 그러하여 낮에는 구름이 그것을 덮었고 밤이면 불 모양이 있었는데 구름이 성막에서 떠오르는 때에는 이스라엘 자손이 곧 행진하였고 구름이 머무는 곳에 이스라엘 자손이 진을 쳤으니"(민 9:15~17)

셋째, 하나님 말씀에 순종하는 사람들입니다.

"곧 그들이 여호와의 명령을 따라 진을 치며 여호와의 명령을 따라 행진하고 또 모

세를 통하여 이르신 여호와의 명령을 따라 여호와의 직임을 지켰더라"(민 9:23)

그리스도인들은 예수 그리스도의 품 안에서 성령님의 다스림을 받고 하나님 말씀에 순종하는 사람들입니다.

그러므로 성삼위 하나님의 은혜로 하나님 말씀에 순종하며 하나님을 영화롭게 하는 우리 모두가 되기를 기도합니다.

민수기 10장 2절

"은 나팔 둘을 만들되 두들겨 만들어서 그것으로 회중을 소집하며 진영을 출발하게 할 것이라"(개역개정판)

"너는 은 나팔 두개를 만들라. 너는 그것들을 두들겨서 만들어라. 그리고 네가 그 회중들을 소집할 때 그리고 그 진영을 이동시킬 때 있어야 한다"(원문직역)

민수기 10장은 이스라엘 백성들이 시내산에서 바란 광야로 이동할 때 주신 말씀입니다.

예수 그리스도의 몸 된 교회는?

첫째, 하나님 말씀에 순종하는 사람들의 모임입니다.(민 10:1~12)

"여호와께서 모세에게 말씀하여 이르시되 은 나팔 둘을 만들되 두들겨 만들어서 그것으로 회중을 소집하며 진영을 출발하게 할 것이라 나팔 두 개를 불 때에는 온 회중이 회막 문 앞에 모여서 네게로 나아올 것이요 하나만 불 때에는 이스라엘의 천부장 된 지휘관들이 모여서 네게로 나아올 것이며"(민 10:1~4)

둘째, 교회질서(법, 정치)에 순종하는 모임입니다.(민 10:13~28)

"이와 같이 그들이 여호와께서 모세에게 명령하신 것을 따라 행진하기를 시작하였는데 선두로 유다 자손의 진영의 군기에 속한 자들이 그들의 진영별로 행진하였으니 유다 군대는 암미나답의 아들 나손이 이끌었고 잇사갈 자손 지파의 군대는 수알의 아들 느다넬이 이끌었고 스불론 자손 지파의 군대는 헬론의 아들 엘리압이 이끌었더라 이에 성막을 걷으매 게르손 자손과 므라리 자손이 성막을 메고 출발하였으며"(민 10:13~17)

셋째, 일반 은총을 소중하게 여기는 모임입니다.(민 10:29~32)

"모세가 이르되 청하건대 우리를 떠나지 마소서 당신은 우리가 광야에서 어떻게 진 칠지를 아나니 우리의 눈이 되리이다 우리와 동행하면 여호와께서 우리에게 복을 내리시는 대로 우리도 당신에게 행하리이다"(민 10:31~32)

넷째, 하나님과 동행하는 사람들의 모임입니다.

"그들이 여호와의 산에서 떠나 삼 일 길을 갈 때에 여호와의 언약궤가 그 삼 일 길에 앞서 가며 그들의 쉴 곳을 찾았고 그들이 진영을 떠날 때에 낮에는 여호와의 구름이 그 위에 덮였었더라 궤가 떠날 때에는 모세가 말하되 여호와여 일어나 사 주의 대적들을 흩으시고 주를 미워하는 자가 주 앞에서 도망하게 하소서 하였고 궤가 쉴 때에는 말하되 여호와여 이스라엘 종족들에게로 돌아오소서 하였더라"(민 10:33~36)

예수 그리스도의 몸 된 교회는 하나님의 말씀과 교회법에 순종하며 하나님과 동행하는 사람들의 모임입니다.

그러므로 성삼위 하나님의 은혜로 순종과 동행의 위치에서 살아가며 하나님을 영화롭게 하는 우리 모두가 되기를 기도합니다.

민수기 11장 1절

"여호와께서 들으시기에 백성이 악한 말로 원망하매 여호와께서 들으시고 진노하사 여호와의 불을 그들 중에 붙여서 진영 끝을 사르게 하시매"(개역개정판)

"그리고 그 백성이 여호와의 귀에 악하게 불평하였다. 그리고 여호와께서 들으셨다. 그리고 그가 노하셨다. 그리고 여호와의 불이 그들 안에 붙었다. 그리고 그 진의 끝을 삼켰다"(원문직역)

광야와 같은 세상에서 사는 그리스도인들은?

첫째, 구원의 은총을 감사하며 살아야 합니다.

"여호와께서 들으시기에 백성이 악한 말로 원망하매 여호와께서 들으시고 진노하사 여호와의 불을 그들 중에 붙여서 진영 끝을 사르게 하시매 백성이 모세에게 부르짖으므로 모세가 여호와께 기도하니 불이 꺼졌더라 그 곳 이름을 다베라라 불렀으니 이는 여호와의 불이 그들 중에 붙은 까닭이었더라"(민 11:1~3)

둘째, 자족하며 영생의 은총가운데 살아야 합니다.(민 11:4~35)

"그들 중에 섞여 사는 다른 인종들이 탐욕을 품으매 이스라엘 자손도 다시 울며 이르되 누가 우리에게 고기를 주어 먹게 하랴 우리가 애굽에 있을 때에는 값없이 생선과 오이와 참외와 부추와 파와 마늘들을 먹은 것이 생각나거늘 이제는 우리의 기력이 다하여 이 만나 외에는 보이는 것이 아무 것도 없도다 하니 만나는 깟씨와 같고 모양은 진주와 같은 것이라 백성이 두루 다니며 그것을 거두어 맷돌에 갈기도 하며 절구에 찧기도 하고 가마에 삶기도 하여 과자를 만들었으니 그 맛이 기름 섞은 과자 맛 같았더라 밤에 이슬이 진영에 내릴 때에 만나도 함께 내렸더라"(민 11:4~9)

“기록된 바 하늘에서 그들에게 떡을 주어 먹게 하였다 함과 같이 우리 조상들은 광야에서 만나를 먹었나이다 예수께서 이르시되 내가 진실로 진실로 너희에게 이르노니 모세가 너희에게 하늘로부터 떡을 준 것이 아니라 내 아버지께서 너희에게 하늘로부터 참 떡을 주시나니 하나님의 떡은 하늘에서 내려 세상에 생명을 주는 것이니라”(요 6:31~32)

“내가 궁핍하므로 말하는 것이 아니니라 어떠한 형편에든지 나는 자족하기를 배웠노니 나는 비천에 처할 줄도 알고 풍부에 처할 줄도 알아 모든 일 곧 배부름과 배고픔과 풍부와 궁핍에도 처할 줄 아는 일체의 비결을 배웠노라”(빌 4:11~12)

셋째, 성령님을 따라 살아야 합니다.

“모세가 그에게 이르되 네가 나를 두고 시기하느냐 여호와께서 그의 영을 그의 모든 백성에게 주사 다 선지자가 되게 하시기를 원하노라”(민 11:29)

그리스도인들은 광야와 같은 세상에서 나그네와 행인의 위치에서 구원의 은총에 감사하며 성령님과 말씀을 따라 사는 사람들입니다.

그러므로 성삼위 하나님의 은혜로 성령님과 말씀을 따라 살아가며 하나님을 영화롭게 하는 우리 모두가 되기를 기도합니다.

민수기 12장 1절

"모세가 구스 여자를 취하였더니 그 구스 여자를 취하였으므로 미리암과 아론이 모세를 비방하니라"(개역개정판)

"그리고 미리암과 아론이 모세가 취한 그 구스 여자 때문에 모세에게 대항하여 말하였다. 왜냐하면 그가 구스 여자를 취하였기 때문이었다"(원문직역)

민수기 12장은 아론과 미리암이 모세의 직분을 인식하지 못하고 대항하다 징계를 받는 말씀이 기록되어 있습니다.

모세는 예수 그리스도를 예표하는 중요한 인물입니다.

"또한 모세는 장래에 말할 것을 증언하기 위하여 하나님의 온 집에서 종으로서 신실하였고"(히 3:5)

예수 그리스도의 몸 된 교회를 받들어 섬기고 세워나가는 그리스도인들은?

첫째, 교회의 질서(법, 정치)를 소중히 여기는 사람들입니다.(민 12:1~10)

"여호와께서 구름 기둥 가운데로부터 강림하사 장막 문에 서시고 아론과 미리암을 부르시는지라 그 두 사람이 나아가매 이르시되 내 말을 들으라 너희 중에 선지자가 있으면 나 여호와가 환상으로 나를 그에게 알리기도 하고 꿈으로 그와 말하기도 하거니와 내 종 모세와는 그렇지 아니하니 그는 내 온 집에 충성함이라 그와는 내가 대면하여 명백히 말하고 은밀한 말로 하지 아니하며 그는 또 여호와의 형상을 보거늘 너희가 어찌하여 내 종 모세 비방하기를 두려워하지 아니하느냐"(민 12:5~8)

둘째, 겸손한 사람들입니다.

"이 사람 모세는 온유함이 지면의 모든 사람보다 더하더라"(민 12:3)

셋째, 회개하는 사람들입니다.

"아론이 이에 모세에게 이르되 슬프도다 내 주여 우리가 어리석은 일을 하여 죄를 지었으나 청하건대 그 벌을 우리에게 돌리지 마소서 그가 살이 반이나 썩어 모태로부터 죽어서 나온 자 같이 되지 않게 하소서"(민 12:11~12)

넷째, 용서하며 기도하는 사람들입니다.

"모세가 여호와께 부르짖어 이르되 하나님이여 원하건대 그를 고쳐 주옵소서"(민 12:13)

하나님께서는 예수 그리스도의 품 안에서 회개하는 그리스도인들에게 자비와 긍휼을 베푸십니다.

"여호와께서 모세에게 이르시되 그의 아버지가 그의 얼굴에 침을 뱉었을지라도 그가 이레 동안 부끄러워하지 않겠느냐 그런즉 그를 진영 밖에 이레 동안 가두고 그 후에 들어오게 할지니라 하시니 이에 미리암이 진영 밖에 이레 동안 갇혀 있었고 백성은 그를 다시 들어오게 하기까지 행진하지 아니하다가 그 후에 백성이 하세롯을 떠나 바란 광야에 진을 치니라"(민 12:14~16)

그리스도인은 하나님께서 세우신 교회의 수평적 질서와 수직적 질서를 소중하게 여기는 사람들입니다.

"하나님은 무질서의 하나님이 아니시요 오직 화평의 하나님이시니라 모든 성도가 교회에서 함과 같이"(고전 14:33)

그러므로 성삼위 하나님의 은혜로 교회 질서에 순종하며 하나님을 영화롭게 하는 우리 모두가 되기를 기도합니다.

민수기 13장 2절

"사람을 보내어 내가 이스라엘 자손에게 주는 가나안 땅을 정탐하게 하되 그들의 조상의 가문 각 지파 중에서 지휘관 된 자 한 사람씩 보내라"(개역개정판)

"너는 사람들을 보내라. 그리고 그들이 내가 이스라엘 아들들에게 주는 가나안 땅을 정탐하게 하여라. 그들 아버지의 지파대로 하나에 한 사람씩 너는 그들 가운데 모든 지도자를 보내어라"(원문직역)

민수기 13장은 모세가 하나님의 명을 따라 바란 광야에서 열 두 정탐군을 파송하는 말씀입니다.

하나님께서 이스라엘 백성들에게 주시는 땅은 젖과 꿀이 흐르는 땅 입니다.

"또 에스골 골짜기에 이르러 거기서 포도송이가 달린 가지를 베어 둘이 막대기에 꿰어 메고 또 석류와 무화과를 따니라 이스라엘 자손이 거기서 포도를 베었으므로 그 곳을 에스골 골짜기라 불렀더라 사십 일 동안 땅을 정탐하기를 마치고 돌아와 바란 광야 가데스에 이르러 모세와 아론과 이스라엘 자손의 온 회중에게 나아와 그들에게 보고하고 그 땅의 과일을 보이고 모세에게 말하여 이르되 당신이 우리를 보낸 땅에 간즉 과연 그 땅에 젖과 꿀이 흐르는데 이것은 그 땅의 과일이니이다"(민 13:23~27)

하나님께서는 언약을 이루시는 신실한 분입니다.

"여호와께서 모세에게 말씀하여 이르시되 사람을 보내어 내가 이스라엘 자손에게 주는 가나안 땅을 정탐하게 하되 그들의 조상의 가문 각 지파 중에서 지휘관 된 자 한 사람씩 보내라"(민 13:1~2)

"그 날에 여호와께서 아브람과 더불어 언약을 세워 이르시되 내가 이 땅을 애굽 강에서부터 그 큰 강 유브라데까지 네 자손에게 주노니 곧 겐 족속과 그니스 족속과 갓몬 족속과 헷 족속과 브리스 족속과 르바 족속과 아모리 족속과 가나안 족속과 기르가스 족속과 여부스 족속의 땅이니라 하셨더라"(창 15:18~21)

가나안 땅을 정복하려면?

첫째, 언약 백성의 위치에서 하나님의 언약의 말씀을 믿고 믿음으로 정복해야 합니다.

"갈렙이 모세 앞에서 백성을 조용하게 하고 이르되 우리가 곧 올라가서 그 땅을 취하자 능히 이기리라 하나"(민 13:30)

둘째, 육신의 소욕인 염려와 불안과 걱정과 근심과 의심과 불신을 제어하고 다스려야 합니다.

"그와 함께 올라갔던 사람들은 이르되 우리는 능히 올라가서 그 백성을 치지 못하리라 그들은 우리보다 강하니라 하고 이스라엘 자손 앞에서 그 정탐한 땅을 악평하여 이르되 우리가 두루 다니며 정탐한 땅은 그 거주민을 삼키는 땅이요 거기서 본 모든 백성은 신장이 장대한 자들이며 거기서 네피림 후손인 아낙 자손의 거인들을 보았나니 우리는 스스로 보기에도 메뚜기 같으니 그들이 보기에도 그와 같았을 것이니라"(민 13:31~33)

그리스도인들은 믿음으로 하나님을 기쁘시게 하는 사람들입니다.

"믿음이 없이는 하나님을 기쁘시게 하지 못하나니 하나님께 나아가는 자는 반드시 그가 계신 것과 또한 그가 자기를 찾는 자들에게 상 주시는 이심을 믿어야 할지니라"(히 11:6)

그러므로 성삼위 하나님의 은혜로 믿음의 위치에서 살아가며 하나님을 영화롭게 하는 우리 모두가 되기를 기도합니다.

민수기 14장 28장

"그들에게 이르기를 여호와의 말씀에 내 삶을 두고 맹세하노라 너희 말이 내 귀에 들린 대로 내가 너희에게 행하리니"(개역개정판)

"너는 그들에게 말하라. 나의 삶으로 여호와의 말씀. 참으로 너희가 내 귀에 말한대로 내가 그와 같이 너희에게 행할 것이다"(원문직역)

민수기 14장 말씀은 육신의 소욕인 염려와 불안과 걱정과 근심과 의심과 불신을 제어하고 다스리지 못하고 하나님을 원망하는 이스라엘 백성들을 징계하는 말씀입니다.

하나님께서는 "아도나이 막케"(징계하시는 하나님) 이십니다. 하나님의 사랑과 예수 그리스도의 대속 사역과 언약의 말씀과 교회법을 무시하면 징계하십니다.

"온 회중이 소리를 높여 부르짖으며 백성이 밤새도록 통곡하였더라 이스라엘 자손이 다 모세와 아론을 원망하며 온 회중이 그들에게 이르되 우리가 애굽 땅에서 죽었거나 이 광야에서 죽었으면 좋았을 것을 어찌하여 여호와가 우리를 그 땅으로 인도하여 칼에 쓰러지게 하려 하는가 우리 처자가 사로잡히리니 애굽으로 돌아가는 것이 낫지 아니하랴 이에 서로 말하되 우리가 한 지휘관을 세우고 애굽으로 돌아가자 하매 모세와 아론이 이스라엘 자손의 온 회중 앞에서 엎드린지라"(민 14:1~5)

"너희의 자녀들은 너희 반역한 죄를 지고 너희의 시체가 광야에서 소멸되기까지 사십 년을 광야에서 방황하는 자가 되리라 너희는 그 땅을 정탐한 날 수인 사십 일의 하루를 일 년으로 쳐서 그 사십 년간 너희의 죄악을 담당할지니 너희는 그제

서야 내가 싫어하면 어떻게 되는지를 알리라 하셨다 하라 나 여호와가 말하였거니와 모여 나를 거역하는 이 악한 온 회중에게 내가 반드시 이같이 행하리니 그들이 이 광야에서 소멸되어 거기서 죽으리라"(민 14:33~35)

예수 그리스도의 대속 사역으로 구원받은 그리스도인들은?

첫째, 하나님과 동행하는 사람들입니다.(민 14:6~9)

"여호와께서 우리를 기뻐하시면 우리를 그 땅으로 인도하여 들이시고 그 땅을 우리에게 주시리라 이는 과연 젖과 꿀이 흐르는 땅이니라 다만 여호와를 거역하지는 말라 또 그 땅 백성을 두려워하지 말라 그들은 우리의 먹이라 그들의 보호자는 그들에게서 떠났고 여호와는 우리와 함께 하시느니라 그들을 두려워하지 말라 하나"(민 14:8~9)

둘째, 지체들을 품에 안고 기도하는 사람들입니다.(민 14:10~19)

"여호와는 노하기를 더디하시고 인자가 많아 죄악과 허물을 사하시나 형벌 받을 자는 결단코 사하지 아니하시고 아버지의 죄악을 자식에게 갚아 삼사대까지 이르게 하리라 하셨나이다 구하옵나니 주의 인자의 광대하심을 따라 이 백성의 죄악을 사하시되 애굽에서부터 지금까지 이 백성을 사하신 것 같이 사하시옵소서"(민 14:18~19)

셋째, 하나님을 아는 바른 지식으로 사는 사람들입니다.(민 14:20~25)

"그러나 내 종 갈렙은 그 마음이 그들과 달라서 나를 온전히 따랐은즉 그가 갔던 땅으로 내가 그를 인도하여 들이리니 그의 자손이 그 땅을 차지하리라"(민 14:24)

하나님께서는 우리들의 생각과 마음을 아시고 입술의 말을 들으시는 분입니다.

"그들에게 이르기를 여호와의 말씀에 내 삶을 두고 맹세하노라 너희 말이 내 귀에 들린 대로 내가 너희에게 행하리니"(민 14:28)

그러므로 성삼위 하나님의 은혜로 바른 믿음의 위치에서 살아가며 하나님을 영화롭게 하는 우리 모두가 되기를 기도합니다.

민수기 15장 41절

"나는 여호와 너희 하나님이라 나는 너희의 하나님이 되려고 너희를 애굽 땅에서 인도해 내었느니라 나는 여호와 너희의 하나님이니라"(개역개정판)

"나는 너희들의 하나님 여호와이다. 나는 너희에게 하나님이 되려고 애굽 땅에서 너희를 이끌어 내었다. 나는 너희 하나님 여호와이다"(원문직역)

민수기 15장은 가나안 땅에 들어간 이후 하나님을 섬기는 법에 대한 말씀입니다.

하나님 나라 속에서 사는 그리스도인들은?

첫째, 바른 예배를 드리는 사람들입니다.(민 15:1~16)

"여호와께서 모세에게 말씀하여 이르시되 이스라엘 자손에게 말하여 그들에게 이르라 너희는 내가 주어 살게 할 땅에 들어가서 여호와께 화제나 번제나 서원을 갚는 제사나 낙헌제나 정한 절기제에 소나 양을 여호와께 향기롭게 드릴 때에"(민 15:1~3)

둘째, 예수 그리스도의 품 안에서 자신을 하나님께 드리는 사람들입니다.(민 15:17~21)

"너희의 처음 익은 곡식 가루 떡을 거제로 타작 마당의 거제 같이 들어 드리라 너희의 처음 익은 곡식 가루 떡을 대대에 여호와께 거제로 드릴지니라"(롬 15:20~21)

"이 사람들은 여자와 더불어 더럽히지 아니하고 순결한 자라 어린 양이 어디로 인도하든지 따라가는 자며 사람 가운데에서 속량함을 받아 처음 익은 열매로 하나님과 어린 양에게 속한 자들이니 그 입에 거짓말이 없고 흠이 없는 자들이더라"(계 14:4~5)

셋째, 생명 얻는 회개의 은총가운데 사는 사람들입니다.(민 15:22~29)

"너희가 그릇 범죄하여 여호와가 모세에게 말씀하신 이 모든 명령을 지키지 못하되 곧 여호와께서 모세를 통하여 너희에게 명령한 모든 것을 여호와께서 명령한 날 이후부터 너희 대대에 지키지 못하여 회중이 부지중에 범죄하였거든 온 회중은 수송아지 한 마리를 여호와께 향기로운 화제로 드리고 규례대로 소제와 전제를 드리고 숫염소 한 마리를 속죄제로 드릴 것이라"(롬 15:22~24)

넷째, 배도와 배교하지 않는 사람들입니다.

"본토인이든지 타국인 이든지 고의로 무엇을 범하면 누구나 여호와를 비방하는 자니 그의 백성 중에서 끊어질 것이라 그런 사람은 여호와의 말씀을 멸시하고 그의 명령을 파괴하였은즉 그의 죄악이 자기에게로 돌아가서 온전히 끊어지리라"(민 15:30~31)

"우리가 진리를 아는 지식을 받은 후 짐짓 죄를 범한즉 다시 속죄하는 제사가 없고 오직 무서운 마음으로 심판을 기다리는 것과 대적하는 자를 태울 맹렬한 불만 있으리라 모세의 법을 폐한 자도 두세 증인으로 말미암아 불쌍히 여김을 받지 못하고 죽었거든 하물며 하나님의 아들을 짓밟고 자기를 거룩하게 한 언약의 피를 부정한 것으로 여기고 은혜의 성령을 욕되게 하는 자가 당연히 받을 형벌은 얼마나 더 무겁겠느냐 너희는 생각하라"(히 10:26~29)

다섯째, 성도의 안식일인 주일을 지키는 사람들입니다.(민 15:32~36)

"여호와께서 모세에게 이르시되 그 사람을 반드시 죽일지니 온 회중이 진영 밖에서 돌로 그를 칠지니라 온 회중이 곧 그를 진영 밖으로 끌어내고 돌로 그를 쳐죽여서 여호와께서 모세에게 명령하신 대로 하니라"(민 15:35~36)

여섯째, 말씀의 다스림을 받는 사람들입니다.(민 15:37~40)

"이스라엘 자손에게 명령하여 대대로 그들의 옷단 귀에 술을 만들고 청색 끈을 그 귀의 술에 더하라 이 술은 너희가 보고 여호와의 모든 계명을 기억하여 준행하고 너희를 방종하게 하는 자신의 마음과 눈의 욕심을 따라 음행하지 않게 하기 위함이라 그리하여 너희가 내 모든 계명을 기억하고 행하면 너희의 하나님 앞에 거룩하리라"(민 15:38~40)

그리스도인들이 말씀에 순종해야 하는 이유는 구원받았기 때문입니다.

"나는 여호와 너희 하나님이라 나는 너희의 하나님이 되려고 너희를 애굽 땅에서 인도해 내었느니라 나는 여호와 너희의 하나님이니라"(민 15:41)

그러므로 성삼위 하나님의 은혜로 말씀에 순종하며 하나님을 영화롭게 하는 우리 모두가 되기를 기도합니다.

민수기 16장 1절

"레위의 증손 고핫의 손자 이스할의 아들 고라와 르우벤 자손 엘리압의 아들 다단과 아비람과 벨렛의 아들 온이 당을 짓고"(개역개정판)

"그리고 레위의 아들(증손자) 고핫의 아들(손자) 이스할의 아들인 고라와 그리고 엘리압의 아들들인 다단과 아비람과 그리고 르우벤의 아들들 벨렛의 아들 온이 (사람을) 취하였다"(원문직역)

민수기 16장은 고라와 다단과 아비람의 반역을 다루고 있습니다.

예수 그리스도의 몸 된 교회를 받들어 섬기고 세워나가는 그리스도인들은?

첫째, 하나님께서 세우신 교회 질서(법, 정치)에 순종하는 사람들입니다.(민 16:1~11)

"레위의 증손 고핫의 손자 이스할의 아들 고라와 르우벤 자손 엘리압의 아들 다단과 아비람과 벨렛의 아들 온이 당을 짓고 이스라엘 자손 총회에서 택함을 받은 자 곧 회중 가운데에서 이름 있는 지휘관 이백오십 명과 함께 일어나서 모세를 거스르니라 그들이 모여서 모세와 아론을 거슬러 그들에게 이르되 너희가 분수에 지나도다 회중이 다 각각 거룩하고 여호와께서도 그들 중에 계시거늘 너희가 어찌하여 여호와의 총회 위에 스스로 높이느냐"(민 16:1~3)

둘째, 하늘의 신령한 기업을 소중히 여기는 사람들입니다.

"모세가 엘리압의 아들 다단과 아비람을 부르러 사람을 보냈더니 그들이 이르되 우리는 올라가지 않겠노라 네가 우리를 젖과 꿀이 흐르는 땅에서 이끌어 내어 광야에서 죽이려 함이 어찌 작은 일이기에 오히려 스스로 우리 위에 왕이 되려 하느냐 이뿐 아니라 네가 우리를 젖과 꿀이 흐르는 땅으로 인도하여 들이지도 아니하고 밭도 포도원도 우리에게 기업으로 주지 아니하니 네가 이 사람들의 눈을 빼려느냐 우리는 올라가지 아니하겠노라"(민 16:12~14)

셋째, 청렴 결백한 사람들입니다.

"모세가 심히 노하여 여호와께 여짜오되 주는 그들의 헌물을 돌아보지 마옵소서 나는 그들의 나귀 한 마리도 빼앗지 아니하였고 그들 중의 한 사람도 해하지 아니하였나이다 하고"(민 16:15)

넷째, 심판하시는 하나님을 두려워하는 사람들입니다.(민 16:16~40)

"만일 여호와께서 새 일을 행하사 땅이 입을 열어 이 사람들과 그들의 모든 소유물을 삼켜 산 채로 스올에 빠지게 하시면 이 사람들이 과연 여호와를 멸시한 것인 줄을 너희가 알리라 그가 이 모든 말을 마치자마자 그들이 섰던 땅바닥이 갈라지니라 땅이 그 입을 열어 그들과 그들의 집과 고라에게 속한 모든 사람과 그들의 재물을 삼키매 그들과 그의 모든 재물이 산 채로 스올에 빠지며 땅이 그 위에 덮이니 그들이 회중 가운데서 망하니라"(민 16:30~33)

다섯째, 지체들을 불쌍히 여기는 사람들입니다.(민 16:41~50)

"여호와께서 모세에게 말씀하여 이르시되 너희는 이 회중에게서 떠나라 내가 순식간에 그들을 멸하려 하노라 하시매 그 두 사람이 엎드리니라 이에 모세가 아론에게 이르되 너는 향로를 가져다가 제단의 불을 그것에 담고 그 위에 향을 피워 가지고 급히 회중에게로 가서 그들을 위하여 속죄하라 여호와께서 진노하셨으므로 염병이 시작되었음이니라 아론이 모세의 명령을 따라 향로를 가지고 회중에게로 달려간즉 백성 중에 염병이 시작되었는지라 이에 백성을 위하여 속죄하고 죽은 자와 산 자 사이에 섰을 때에 염병이 그치니라"(민 16:44~8)

그리스도인들은 하나님께서 세우신 교회 질서(법, 정치)에 순종하는 사람들입니다.

그러므로 성삼위 하나님의 은혜로 교회 질서(법, 정치)에 순종하며 하나님을 영화롭게 하는 우리 모두가 되기를 기도합니다.

민수기 17장 8절

"이튿날 모세가 증거의 장막 안에 들어가 본즉 레위 집을 위하여 낸 아론의 지팡이에 움이 돋고 순이 나고 꽃이 피어서 살구 열매가 열렸더라"(개역한글판)

"그리고 다음날 이었다. 그리고 모세가 그 증거궤의 천막으로 들어갔다. 그런데 보니 레위의 집안의 아론의 지팡이가 싹이 돋았다. 그리고 봉오리가 나왔다. 그리고 꽃이 피었다. 그리고 감복숭아 들로 열렸다"(원문직역)

민수기 17장은 아론의 지팡이에 싹이 나고 열매가 맺는 것으로 아론의 대제사장 직분의 정당성을 가르칩니다.

아론은 예수 그리스도를 예표하는 모형적 인물입니다.

아론의 싹 난 지팡이는?

첫째, 예수 그리스도의 대제사장 직분을 가르칩니다.

"이튿날 모세가 증거의 장막 안에 들어가 본즉 레위 집을 위하여 낸 아론의 지팡이에 움이 돋고 순이 나고 꽃이 피어서 살구 열매가 열렸더라"(민 17:8)

"대제사장마다 사람 가운데서 취한 자이므로 하나님께 속한 일에 사람을 위하여 예물과 속죄하는 제사를 드리게 하나니 저가 무식하고 미혹한 자를 능히 용납할 수 있는 것은 자기도 연약에 싸여 있음이니라 이러므로 백성을 위하여 속죄제를 드림과 같이 또한 자기를 위하여 드리는 것이 마땅하니라 이 존귀는 아무나 스스로 취하지 못하고 오직 아론과 같이 하나님의 부르심을 입은 자라야 할 것이니라 또한 이와 같이 그리스도께서 대제사장 되심도 스스로 영광을 취하심이 아니요 오직 말씀하신 이가 저더러 이르시되 너는 내 아들이니 오늘날 내가 너를 낳았다 하셨고 또한 이와 같이 다른 데 말씀하시되 네가 영원히 멜기세덱의 반차를 좇는 제사장이라 하셨으니"(히 5:1~6)

"또 예수께서 제사장 된 것은 맹세 없이 된 것이 아니니 (저희는 맹세 없이 제사장이 되었으되 오직 예수는 자기에게 말씀하신 자로 말미암아 맹세로 되신 것이라 주께서 맹세하시고 뉘우치지 아니하시리니 네가 영원히 제사장이라 하셨도다) 이와 같이 예수는 더 좋은 언약의 보증이 되셨느니라 저희 제사장 된 자의 수효가 많은 것은 죽음을 인하여 항상 있지 못함이로되 예수는 영원히 계시므로 그 제사 직분도 갈리지 아니하나니 그러므로 자기를 힘입어 하나님께 나아가는 자들을 온전히 구원하실 수 있으니 이는 그가 항상 살아서 저희를 위하여 간구하심이니라 이러한 대제사장은 우리에게 합당하니 거룩하고 악이 없고 더러움이 없고 죄인에게서 떠나 계시고 하늘보다 높이 되신 자라 저가 저 대제사장들이 먼저 자기 죄를 위하고 다음에 백성의 죄를 위하여 날마다 제사 드리는 것과 같이 할 필요가 없으니 이는 저가 단번에 자기를 드려 이루셨음이니라 율법은 약점을 가진 사람들을 제사장으로 세웠거니와 율법 후에 하신 맹세의 말씀은 영원히 온전케 되신 아들을 세우셨느니라"(히 7:20~28)

둘째, 교회의 질서를 가르칩니다.

"모세가 그 지팡이 전부를 여호와 앞에서 이스라엘 모든 자손에게로 취하여 내매 그들이 보고 각각 자기 지팡이를 취하였더라 여호와께서 또 모세에게 이르시되 아론의 지팡이는 증거궤 앞으로 도로 가져다가 거기 간직하여 패역한 자에 대한 표징이 되게 하여 그들로 내게 대한 원망을 그치고 죽지 않게 할지니라 모세가 곧 그같이 하되 여호와께서 자기에게 명하신 대로 하였더라"(민 17:9~11)

교회의 머리는 예수 그리스도입니다.

"또 만물을 그 발 아래 복종하게 하시고 그를 만물 위에 교회의 머리로 주셨느니라 교회는 그의 몸이니 만물 안에서 만물을 충만케 하시는 자의 충만이니라"(엡 1:22~23)

"네 본 것은 내 오른손에 일곱 별의 비밀과 일곱 금 촛대라 일곱 별은 일곱 교회의 사자요 일곱 촛대는 일곱 교회니라"(계 1:20)

"토투스"(교회의 머리이신 예수 그리스도)께서는 "치리회"(당회, 노회, 총회)안에서 "토툼"(교회법)을 가지고 다스리는 분입니다.

그리스도인은 "토툼"(교회법)인 "유스 디비눔"(신적 규례, 신적 권위, 하나님의 법)인 즉 역사적으로 검증되고 공적으로 선포된 바른 교리와 바른 예배와 바른 교회 질서(법, 정치)에 다스림을 받고 순종하는 사람들입니다.

그러므로 성삼위 하나님의 은혜로 "유스 디비눔"에 순종하며 하나님을 영화롭게 하는 우리 모두가 되기를 기도합니다.

민수기 18장 1절

"여호와께서 아론에게 이르시되 너와 네 아들들과 네 조상의 가문은 성소에 대한 죄를 함께 담당할 것이요 너와 네 아들들은 너희의 제사장 직분에 대한 죄를 함께 담당할 것이니라"(개역개정판)

"그리고 여호와께서 아론에게 말씀하셨다. 너와 네 아들들 그리고 네 아버지의 집은 너와 함께 그 성소의 죄책을 짊어져야 한다. 그리고 너와 네 아들들은 너와 함께 너희들의 제사장 직분에 대한 죄책을 짊어져야 한다"(원문직역)

민수기 18장은 레위인의 직무와 분깃에 관한 말씀입니다.

예수 그리스도의 몸 된 교회를 받들어 섬기고 세워 나가는 성도들과 목회자들에게 하시는 예표적 말씀입니다.

예수 그리스도의 몸 된 교회에서는?

첫째, 목회자들이 두려움과 떨림으로 사역을 담당해야 합니다.

"여호와께서 아론에게 이르시되 너와 네 아들들과 네 조상의 가문은 성소에 대한 죄를 함께 담당할 것이요 너와 네 아들들은 너희의 제사장 직분에 대한 죄를 함께 담당할 것이니라"(민 18:1)

"내 형제들아 너희는 선생된 우리가 더 큰 심판을 받을 줄 알고 선생이 많이 되지 말라"(약 3:1)

둘째, 수평적 질서와 수직적 질서를 지켜야 합니다.

"너는 네 형제 레위 지파 곧 네 조상의 지파를 데려다가 너와 함께 있게 하여 너와 네 아들들이 증거의 장막 앞에 있을 때 그들이 너를 돕게 하라 레위인은 네 직무와 장막의 모든 직무를 지키려니와 성소의 기구와 제단에는 가까이 하지 못하리니 두렵건대 그들과 너희가 죽을까 하노라 레위인은 너와 합동하여 장막의 모든 일과 회막의 직무를 다할 것이요 다른 사람은 너희에게 가까이 하지 못할 것이니라 이와 같이 너희는 성소의 직무와 제단의 직무를 다하라 그리하면 여호와의 진노가 다시는 이스라엘 자손에게 미치지 아니하리라"(민 18:2~5)

"내게 주신 은혜로 말미암아 너희 각 사람에게 말하노니 마땅히 생각할 그 이상의 생각을 품지 말고 오직 하나님께서 각 사람에게 나누어 주신 믿음의 분량대로 지혜롭게 생각하라 우리가 한 몸에 많은 지체를 가졌으나 모든 지체가 같은 기능을 가진 것이 아니니 이와 같이 우리 많은 사람이 그리스도 안에서 한 몸이 되어 서로 지체가 되었느니라 우리에게 주신 은혜대로 받은 은사가 각각 다르니 혹 예언이면 믿음의 분수대로, 혹 섬기는 일이면 섬기는 일로, 혹 가르치는 자면 가르치는 일로, 혹 위로하는 자면 위로하는 일로, 구제하는 자는 성실함으로, 다스리는 자는 부지런함으로, 긍휼을 베푸는 자는 즐거움으로 할 것이니라"(롬 12:3~8)

"그가 어떤 사람은 사도로, 어떤 사람은 선지자로, 어떤 사람은 복음 전하는 자로, 어떤 사람은 목사와 교사로 삼으셨으니 이는 성도를 온전하게 하여 봉사의 일을 하게 하며 그리스도의 몸을 세우려 하심이라"(엡 4:11~12)

셋째, 모든 직분은 하나님의 은혜의 선물임을 알아야 합니다.

"보라 내가 이스라엘 자손 중에서 너희의 형제 레위인을 택하여 내게 돌리고 너희에게 선물로 주어 회막의 일을 하게 하였나니 너와 네 아들들은 제단과 휘장 안의 모든 일에 대하여 제사장의 직분을 지켜 섬기라 내가 제사장의 직분을 너희에게 선물로 주었은즉 거기 가까이 하는 외인은 죽임을 당할지니라"(민 18:6~7)

"그러나 내가 나 된 것은 하나님의 은혜로 된 것이니 내게 주신 그의 은혜가 헛되지 아니하여 내가 모든 사도보다 더 많이 수고하였으나 내가 한 것이 아니요 오직 나와 함께 하신 하나님의 은혜로라"(고전 15:10)

넷째, 목회자들이 목회에 전념할 수 있도록 교회 형편에 맞게 생활비를 지

급해야 합니다.(민 18:8~24)

"여호와께서 또 아론에게 이르시되 보라 내가 내 거제물 곧 이스라엘 자손이 거룩하게 한 모든 헌물을 네가 주관하게 하고 네가 기름 부음을 받았음으로 말미암아 그것을 너와 네 아들들에게 영구한 몫의 음식으로 주노라"(민 18:8)

"이스라엘 자손이 여호와께 거제로 드리는 십일조를 레위인에게 기업으로 주었으므로 내가 그들에 대하여 말하기를 이스라엘 자손 중에 기업이 없을 것이라 하였노라"(민 18:24)

"모세의 율법에 곡식을 밟아 떠는 소에게 망을 씌우지말라 기록하였으니 하나님께서 어찌 소들을 위하여 염려하심이냐 오로지 우리를 위하여 말씀하심이 아니냐 과연 우리를 위하여 기록된 것이니 밭 가는 자는 소망을 가지고 갈며 곡식 떠는 자는 함께 얻을 소망을 가지고 떠는 것이라 우리가 너희에게 신령한 것을 뿌렸은즉 너희의 육적인 것을 거두기로 과하다 하겠느냐 다른 이들도 너희에게 이런 권리를 가졌거든 하물며 우리일까보냐 그러나 우리가 이 권리를 쓰지 아니하고 범사에 참는 것은 그리스도의 복음에 아무 장애가 없게 하려 함이로다 성전의 일을 하는 이들은 성전에서 나는 것을 먹으며 제단에서 섬기는 이들은 제단과 함께 나누는 것을 너희가 알지 못하느냐 이와 같이 주께서도 복음 전하는 자들이 복음으로 말미암아 살리라 명하셨느니라"(고전 9:9~14)

다섯째, 교회를 받들어 섬기고 세우는 모든 성도들과 목회자는 십일조를 드려야 합니다.(민 18:25~32)

"너는 레위인에게 말하여 그에게 이르라 내가 이스라엘 자손에게 받아 너희에게 기업으로 준 십일조를 너희가 그들에게서 받을 때에 그 십일조의 십일조를 거제로 여호와께 드릴 것이라"(민 18:26)

"화 있을진저 너희 바리새인이여 너희가 박하와 운향과 모든 채소의 십일조는 드리되 공의와 하나님께 대한 사랑은 버리는도다 그러나 이것도 행하고 저것도 버리지 말아야 할지니라"(눅 11:42)

예수 그리스도의 몸 된 교회는 모든 그리스도인에게 어머니와 같은 존재입니다. 그러므로 성삼위 하나님의 은혜로 신령한 기업으로 주신 교회를 받들어 섬기고 세워 나아가며 하나님을 영화롭게 하는 우리 모두가 되기를 기도합니다.

민수기 19장 2절

"여호와의 명하는 법의 율례를 이제 이르노니 이스라엘 자손에게 일러서 온전하여 흠이 없고 아직 멍에 메지 아니한 붉은 암송아지를 네게로 끌어 오게 하고"(개역개정판)

"이것은 여호와께서 명령하신 그 율법의 규례이다. 말씀하시길 너는 이스라엘 아들들에게 말하라. 그리고 그들이 온전하고 흠이 없는 멍에가 그것 위에 올라가지 않은 붉은 송아지를 네게로 끌어오게 하여라"(원문직역)

민수기 19장은 정결케 하는 율법의 규례입니다.

예수 그리스도를 믿음으로 구원받은 그리스도인들은?

첫째, 예수 그리스도의 대속 사역의 은총으로 정결케 되는 사람들입니다.(민 19:1~10)

"여호와께서 모세와 아론에게 일러 가라사대 여호와의 명하는 법의 율례를 이제 이르노니 이스라엘 자손에게 일러서 온전하여 흠이 없고 아직 멍에 메지 아니한 붉은 암송아지를 네게로 끌어 오게 하고 너는 그것을 제사장 엘르아살에게 줄 것이요 그는 그것을 진 밖으로 끌어 내어서 자기 목전에서 잡게 할 것이며 제사장 엘르아살은 손가락에 그 피를 찍고 그 피를 회막 앞을 향하여 일곱 번 뿌리고 그 암소를 자기 목전에서 불사르게 하되 그 가죽과 고기와 피와 똥을 불사르게 하고 동시에 제사장은 백향목과 우슬초와 홍색실을 취하여 암송아지를 사르는 불 가운데 던질 것이며"(민 19:1~6)

"염소와 황소의 피와 및 암송아지의 재로 부정한 자에게 뿌려 그 육체를 정결케 하여 거룩케 하거든 하물며 영원하신 성령으로 말미암아 흠 없는 자기를 하나님께 드린 그리스도의 피가 어찌 너희 양심으로 죽은 행실에서 깨끗하게 하고 살아계신 하나님을 섬기게 못하겠느뇨"(히 9:13~14)

둘째, 죄를 따라 살지 않는 사람들입니다.

"사람의 시체를 만진 자는 칠 일을 부정하리니"(민 19:11)

셋째, 생명 얻는 회개의 은총가운데 사는 사람들입니다.(민 19:12~22)

"그는 제삼일과 제칠일에 이 잿물로 스스로 정결케 할 것이라 그리하면 정하려니와 제삼일과 제칠일에 스스로 정결케 아니하면 그냥 부정하니 누구든지 죽은 사람의 시체를 만지고 스스로 정결케 아니하는 자는 여호와의 성막을 더럽힘이라 그가 이스라엘에서 끊쳐질 것은 정결케 하는 물을 그에게 뿌리지 아니하므로 깨끗케 되지 못하고 그 부정함이 있음이니라"(민 19:12~13)

"사람이 부정하고도 스스로 정결케 아니하면 여호와의 성소를 더럽힘이니 그러므로 총회 중에서 끊쳐질 것이니라 그는 정결케 하는 물로 뿌리움을 받지 아니하였은즉 부정하니라"(민 19:20)

그리스도인들은 예수 그리스도의 보혈의 은총안에 거하는 사람입니다.

그러므로 성삼위 하나님의 은혜로 예수 그리스도의 보혈의 은총 안에 거하며 하나님을 영화롭게 하는 우리 모두가 되기를 기도합니다.

민수기 20장 13절

"이스라엘 자손이 여호와와 다투었으므로 이를 므리바 물이라 하니라 여호와께서 그들 중에서 그 거룩함을 나타내셨더라"(개역개정판)

"이것들은 므리바의 물 이스라엘 아들들이 여호와와 (그곳에서) 다투었다. 그러나 그는 그들가운데 거룩하게 여겨지셨다"(원문직역)

민수기 20장은 가데스 광야와 호르산에서의 사건을 기록하고 있습니다.

예수 그리스도의 대속 사역의 은총으로 구원받은 그리스도인들은?

첫째, 하나님 말씀에 순종하는 사람들입니다.

"첫째 달에 이스라엘 자손 곧 온 회중이 신 광야에 이르러 백성이 가데스에 이르더니 미리암이 거기서 죽으매 거기에 장사되니라"(민 20:1)

"여분네의 아들 갈렙과 눈의 아들 여호수아 외에는 내가 맹세하여 너희에게 살게 하리라 한 땅에 결단코 들어가지 못하리라"(민 14:30)

"여호와께서 에돔 땅 변경 호르산에서 모세와 아론에게 말씀하시니라 이르시되 아론은 그 조상들에게로 돌아가고 내가 이스라엘 자손에게 준 땅에는 들어가지 못하리니 이는 너희가 므리바 물에서 내 말을 거역한 까닭이니라"(민 20:23~24)

둘째, 하나님께 원망과 불평하지 않는 사람들입니다.(민 20:2~5)

"회중이 물이 없으므로 모세와 아론에게로 모여드니라 백성이 모세와 다투어 말하여 이르되 우리 형제들이 여호와 앞에서 죽을 때에 우리도 죽었더라면 좋을 뻔하였도다"(민 20:2~3)

"이스라엘 자손이 여호와와 다투었으므로 이를 므리바 물이라 하니라 여호와께서 그들 중에서 그 거룩함을 나타내셨더라"(민 20:13)

셋째, 하나님의 거룩한 속성을 드러내는 사람들입니다.(민 20:7~13)

"모세와 아론이 회중을 그 반석 앞에 모으고 모세가 그들에게 이르되 반역한 너희여 들으라 우리가 너희를 위하여 이 반석에서 물을 내랴 하고 모세가 그의 손을 들어 그의 지팡이로 반석을 두 번 치니 물이 많이 솟아나오므로 회중과 그들의 짐승이 마시니라 여호와께서 모세와 아론에게 이르시되 너희가 나를 믿지 아니하고 이스라엘 자손의 목전에서 내 거룩함을 나타내지 아니한 고로 너희는 이 회중을 내가 그들에게 준 땅으로 인도하여 들이지 못하리라 하시니라"(민 20:10~12)

넷째, 하나님의 허락하심이 없이는 아무것도 할 수 없는 사람들입니다.(민 20:14~21)

"에돔 왕이 이같이 이스라엘이 그의 영토로 지나감을 용납하지 아니하므로 이스라엘이 그들에게서 돌이키니라"(민 20:21)

그리스도인들은 연약하고 불완전한 사람들입니다.

하나님의 은혜가 없으면 아무것도 할 수 없는 사람들입니다.

그러므로 성삼위 하나님의 은혜로 하나님 말씀에 순종하며 하나님을 영화롭게 하는 우리 모두가 되기를 기도합니다.

민수기 21장 3절

"여호와께서 이스라엘의 목소리를 들으시고 가나안 사람을 그들의 손에 넘기시매 그들과 그들의 성읍을 다 멸하니라 그러므로 그 곳 이름을 호르마라 하였더라"(개역개정판)

"그리고 여호와께서 이스라엘의 음성을 들으셨다. 그리고 그 가나안 사람을 주셨다. 그리고 그들이 그들과 그들의 성을 진멸시켰다. 그리고 그들이 그 장소의 이름을 호르마라고 불렀다"(원문직역)

민수기 21장은 이스라엘 백성들의 불평과 원망에 대한 징계와 요단 동편을 정복하는 말씀입니다.

예수 그리스도를 믿음으로 구원받은 그리스도인들은?

첫째, 하나님의 은혜로 승리하는 사람들입니다.

"네겝에 거주하는 가나안 사람 곧 아랏의 왕이 이스라엘이 아다림 길로 온다 함을 듣고 이스라엘을 쳐서 그 중 몇 사람을 사로잡은지라 이스라엘이 여호와께 서원하여 이르되 주께서 만일 이 백성을 내 손에 넘기시면 내가 그들의 성읍을 다 멸하리이다 여호와께서 이스라엘의 목소리를 들으시고 가나안 사람을 그들의 손에 넘기시매 그들과 그들의 성읍을 다 멸하니라 그러므로 그 곳 이름을 호르마라 하였더라"(민 21:1~3)

"시혼이 이스라엘이 자기 영토로 지나감을 용납하지 아니하고 그의 백성을 다 모아 이스라엘을 치러 광야로 나와서 야하스에 이르러 이스라엘을 치므로 이스라엘이 칼날로 그들을 쳐서 무찌르고 그 땅을 아르논에서부터 얍복까지 점령하여 암몬 자손에게까지 미치니 암몬 자손의 경계는 견고하더라"(민 21:23~24)

"여호와께서 모세에게 이르시되 그를 두려워하지 말라 내가 그와 그의 백성과 그의 땅을 네 손에 넘겼나니 너는 헤스본에 거주하던 아모리인의 왕 시혼에게 행한 것 같이 그에게도 행할지니라 이에 그와 그의 아들들과 그의 백성을 다 쳐서 한 사람도 남기지 아니하고 그의 땅을 점령하였더라"(민 21:34~35)

둘째, 원망과 불평을 하지 않는 사람들입니다.

"백성이 하나님과 모세를 향하여 원망하되 어찌하여 우리를 애굽에서 인도해 내어 이 광야에서 죽게 하는가 이 곳에는 먹을 것도 없고 물도 없도다 우리 마음이 이 하찮은 음식을 싫어하노라 하매 여호와께서 불뱀들을 백성 중에 보내어 백성을 물게 하시므로 이스라엘 백성 중에 죽은 자가 많은지라"(민 21:5~6)

셋째, 생명얻는 회개의 은총가운데 사는 사람들입니다.

"백성이 모세에게 이르러 말하되 우리가 여호와와 당신을 향하여 원망함으로 범죄하였사오니 여호와께 기도하여 이 뱀들을 우리에게서 떠나게 하소서 (민 21:7상)

넷째, 유일한 중보자이신 예수 그리스도의 대속 사역의 은총으로 사는 사람들입니다.

"모세가 백성을 위하여 기도하매 여호와께서 모세에게 이르시되 불뱀을 만들어 장대 위에 매달아라 물린 자마다 그것을 보면 살리라 모세가 놋뱀을 만들어 장대 위에 다니 뱀에게 물린 자가 놋뱀을 쳐다본즉 모두 살더라"(민 21:7하~9)

"모세가 광야에서 뱀을 든 것 같이 인자도 들려야 하리니 이는 그를 믿는 자마다 영생을 얻게 하려 하심이니라"(요 3:14~15)

다섯째, 예수 그리스도의 품 안에서 하나님 은혜로 살아가는 사람들입니다.

"거기서 브엘에 이르니 브엘은 여호와께서 모세에게 명령하시기를 백성을 모으라 내가 그들에게 물을 주리라 하시던 우물이라 그 때에 이스라엘이 노래하여 이르되 우물물아 솟아나라 너희는 그것을 노래하라 이 우물은 지휘관들이 팠고 백성

의 귀인들이 규와 지팡이로 판 것이로다 하였더라 그들은 광야에서 맛다나에 이르렀고"(민 21:16~18)

그리스도인들은 하나님의 사랑을 굳게 믿고 하나님 은혜로 살아가는 사람들입니다.

그러므로 성삼위 하나님의 은혜로 은혜 안에 살아가며 하나님을 영화롭게 하는 우리 모두가 되기를 기도합니다.

민수기 22장 12절

"하나님이 발람에게 이르시되 너는 그들과 함께 가지도 말고 그 백성을 저주하지도 말라 그들은 복을 받은 자들이니라"(개역개정판)

"그리고 하나님이 발람에게 말씀하셨다. 너는 그들과 함께 가지 말라. 너는 그 백성을 저주하지 말라. 왜냐하면 그가 복 받은 자이기 때문이다"(원문직역)

민수기 22장은 모압 왕 발락과 발람을 다루고 있습니다.

발람은 유프라테스 강변에 거주하는 메소포다미아인 입니다.

"그가 사신을 브올의 아들 발람의 고향인 강 가 브돌에 보내어 발람을 부르게 하여"(민 22:5상)

"암몬 사람과 모압 사람은 여호와의 총회에 들어오지 못하리니 그들에게 속한 자는 십 대뿐 아니라 영원히 여호와의 총회에 들어오지 못하리라 그들은 너희가 애굽에서 나올 때에 떡과 물로 너희를 길에서 영접하지 아니하고 메소보다미아의 브돌 사람 브올의 아들 발람에게 뇌물을 주어 너희를 저주하게 하려 하였으나 네 하나님 여호와께서 너를 사랑하시므로 네 하나님 여호와께서 발람의 말을 듣지 아니하시고 네 하나님 여호와께서 그 저주를 변하여 복이 되게 하셨나니"(신 23:3~5)

발람은 혼합주의적 성격을 가지고 있는 점장이 박수 무당입니다.

"이스라엘 자손이 그들을 살륙하는 중에 브올의 아들 점술가 발람도 칼날로 죽였더라"(수 13:22)

혼합주의적 성격을 가지고 있는 거짓 선지자 발람은?

첫째, 우상 숭배자들에게 존경받는 인물입니다.

"그가 사신을 브올의 아들 발람의 고향인 강 가 브돌에 보내어 발람을 부르게 하여 이르되 보라 한 민족이 애굽에서 나왔는데 그들이 지면에 덮여서 우리 맞은편에 거주하였고 우리보다 강하니 청하건대 와서 나를 위하여 이 백성을 저주하라 내가 혹 그들을 쳐서 이겨 이 땅에서 몰아내리라 그대가 복을 비는 자는 복을 받고 저주하는 자는 저주를 받을 줄을 내가 앎이니라"(민 22:5~6)

둘째, 물질과 명예와 권세를 탐하는 사람입니다.

"모압 장로들과 미디안 장로들이 손에 복채를 가지고 떠나 발람에게 이르러 발락의 말을 그에게 전하매 발람이 그들에게 이르되 이 밤에 여기서 유숙하라 여호와께서 내게 이르시는 대로 너희에게 대답하리라 모압 귀족들이 발람에게서 유숙하니라"(민 22:7~8)

"내가 그대를 높여 크게 존귀하게 하고 그대가 내게 말하는 것은 무엇이든지 시행하리니 청하건대 와서 나를 위하여 이 백성을 저주하라 하시더이다 발람이 발락의 신하들에게 대답하여 이르되 발락이 그 집에 가득한 은금을 내게 줄지라도 내가 능히 여호와 내 하나님의 말씀을 어겨 덜하거나 더하지 못하겠노라 그런즉 이제 너희도 이 밤에 여기서 유숙하라 여호와께서 내게 무슨 말씀을 더하실는지 알아보리라"(민 22:17~19)

셋째, 하나님을 이익의 재료로 삼는 사람입니다.(민 22:21~41)

"그 때에 여호와께서 발람의 눈을 밝히시매 여호와의 사자가 손에 칼을 빼들고 길에 선 것을 그가 보고 머리를 숙이고 엎드리니 여호와의 사자가 그에게 이르되 너는 어찌하여 네 나귀를 이같이 세 번 때렸느냐 보라 내 앞에서 네 길이 사악하므로 내가 너를 막으려고 나왔더니 나귀가 나를 보고 이같이 세 번을 돌이켜 내 앞에서 피하였느니라 나귀가 만일 돌이켜 나를 피하지 아니하였더면 내가 벌써 너를 죽이고 나귀는 살렸으리라"(민 22:31~33)

"아침에 발락이 발람과 함께 하고 그를 인도하여 바알의 산당에 오르매 발람이 거기서 이스라엘 백성의 진 끝까지 보니라"(민 22:41)

하늘의 신령한 복을 받은 그리스도인들에게 우상 숭배자들의 사술과 저주와 주문은 어떤 효과도 없습니다.

> "하나님이 발람에게 이르시되 너는 그들과 함께 가지도 말고 그 백성을 저주하지도 말라 그들은 복을 받은 자들이니라"(민 22:12)

그러므로 성삼위 하나님의 은혜로 바른 진리 안에 살아가며 하나님을 영화롭게 하는 우리 모두가 되기를 기도합니다.

민수기 23장 19절

"하나님은 사람이 아니시니 거짓말을 하지 않으시고 인생이 아니시니 후회가 없으시도다 어찌 그 말씀하신 바를 행하지 않으시며 하신 말씀을 실행하지 않으시랴"(개역개정판)

"하나님은 사람이 아니시다. 그리고 그는 거짓말하지 않으신다. 그리고 사람의 아들이 아니시다. 그리고 그는 후회하지 않으신다. 그분은 그가 말씀하신 것을 그리고 그가 행하시지 않으시냐 그리고 그가 말씀하신 것을 굳게 세우지 않겠느냐?"(원문직역)

민수기 23장은 하나님께서 발락과 발람의 저주를 꺾으시고 이스라엘 백성들을 축복하시는 말씀입니다.

하나님께서는 절대 속성을 가지고 계신 분입니다.

"하나님은 사람이 아니시니 거짓말을 하지 않으시고 인생이 아니시니 후회가 없으시도다 어찌 그 말씀하신 바를 행하지 않으시며 하신 말씀을 실행하지 않으시랴"(민 23:19)

천지의 대주대로 영원히 존재하시며 스스로 낮아지셔서 당신의 나라와 교회와 백성들과 거룩한 언약을 맺으시고 그 맺으신 언약을 신실하게 이행하시는 분이십니다.

예수 그리스도의 몸 된 교회와 교회의 지체들인 성도들에게 베풀어 주시는 은혜는?

첫째, 거룩 입니다.

"내가 바위 위에서 그들을 보며 작은 산에서 그들을 바라보니 이 백성은 홀로 살 것이라 그를 여러 민족 중의 하나로 여기지 않으리로다"(민 23:9)

둘째, 번영 입니다.

"야곱의 티끌을 누가 능히 세며 이스라엘 사분의 일을 누가 능히 셀고"(민 23:10상)

셋째, 의로움 입니다.

"나는 의인의 죽음을 죽기 원하며 나의 종말이 그와 같기를 바라노라 하매"(민 23:10하)

넷째, 하늘의 신령한 복 입니다.

"발락이 발람에게 이르되 그대가 어찌 내게 이같이 행하느냐 나의 원수를 저주하라고 그대를 데려왔거늘 그대가 오히려 축복하였도다"(민 23:11)

"내가 축복할 것을 받았으니 그가 주신 복을 내가 돌이키지 않으리라"(민 23:20)

다섯째, 사죄의 은총 입니다.

"야곱의 허물을 보지 아니하시며 이스라엘의 반역을 보지 아니하시는도다"(민 23:21상)

여섯째, 하나님을 왕으로 모심 입니다.

"여호와 그들의 하나님이 그들과 함께 계시니 왕을 부르는 소리가 그 중에 있도다"(민 23:21하)

일곱째, 능력 입니다.

"하나님이 그들을 애굽에서 인도하여 내셨으니 그의 힘이 들소와 같도다 야곱을 해할 점술이 없고 이스라엘을 해할 복술이 없도다 이 때에 야곱과 이스라엘에 대하여 논할진대 하나님께서 행하신 일이 어찌 그리 크냐 하리로다 이 백성이 암사자 같이 일어나고 수사자 같이 일어나서 움킨 것을 먹으며 죽인 피를 마시기 전에는 눕지 아니하리로다 하매"(민 23:22~24)

음부의 권세가 결코 교회를 이기지 못합니다.

"또 내가 네게 이르노니 너는 베드로라 내가 이 반석 위에 내 교회를 세우리니 음부의 권세가 이기지 못하리라"(마 16:18)

그러므로 성삼위 하나님의 은혜로 승리의 삶을 살아가며 하나님을 영화롭게 하는 우리 모두가 되기를 기도합니다.

민수기 24장 5절

"야곱이여 네 장막들이, 이스라엘이여 네 거처들이 어찌 그리 아름다운고"(개역개정판)

"얼마나 아름다운가? 네 장막이 야곱아 네 거주지가 이스라엘아"(원문직역)

민수기 24장도 하나님께서 발람을 가지시고 주시는 말씀입니다.

천지의 대주재이신 하나님께서는 거룩한 경륜가운데 구원과 상관없는 점쟁이 발람을 일시적 도구로 쓰십니다.

"발람이 자기가 이스라엘을 축복하는 것을 여호와께서 선히 여기심을 보고 전과 같이 점술을 쓰지 아니하고 그의 낯을 광야로 향하여 눈을 들어 이스라엘이 그 지파대로 천막 친 것을 보는데 그 때에 하나님의 영이 그 위에 임하신지라"(민 24:1~2)

하나님께서 발람을 가지시고 주시는 말씀은?

첫째, 예수 그리스도의 몸 된 교회의 아름다움 입니다.

"야곱이여 네 장막들이, 이스라엘이여 네 거처들이 어찌 그리 아름다운고 그 벌어짐이 골짜기 같고 강 가의 동산 같으며 여호와께서 심으신 침향목들 같고 물 가의 백향목들 같도다 그 물통에서는 물이 넘치겠고 그 씨는 많은 물 가에 있으리로다 그의 왕이 아각보다 높으니 그의 나라가 흥왕하리로다 하나님이 그를 애굽에서 인도하여 내셨으니 그 힘이 들소와 같도다 그의 적국을 삼키고 그들의 뼈를 꺾으며 화살로 쏘아 꿰뚫으리로다 꿇어 앉고 누움이 수사자와 같고 암사자와도 같으니 일으킬 자 누구이랴 너를 축복하는 자마다 복을 받을 것이요 너를 저주하는 자

마다 저주를 받을지로다"(민 24:5~9)

교회의 머리이신 예수 그리스도께서 다스리는 교회는 계시의 기관으로 은혜와 승리와 신령한 복을 나누어주는 모임입니다.

둘째, 메시야인 예수 그리스도는 하나님나라 왕이십니다.

"내가 그를 보아도 이 때의 일이 아니며 내가 그를 바라보아도 가까운 일이 아니로다 한 별이 야곱에게서 나오며 한 규가 이스라엘에게서 일어나서 모압을 이쪽에서 저쪽까지 쳐서 무찌르고 또 셋의 자식들을 다 멸하리로다 그의 원수 에돔은 그들의 유산이 되며 그의 원수 세일도 그들의 유산이 되고 그와 동시에 이스라엘은 용감히 행동하리로다 주권자가 야곱에게서 나서 남은 자들을 그 성읍에서 멸절하리로다 하고 또 아말렉을 바라보며 예언하여 이르기를 아말렉은 민족들의 으뜸이나 그의 종말은 멸망에 이르리로다 하고 또 겐 족속을 바라보며 예언하여 이르기를 네 거처가 견고하고 네 보금자리는 바위에 있도다 그러나 가인이 쇠약하리니 나중에는 앗수르의 포로가 되리로다 하고 또 예언하여 이르기를 슬프다 하나님이 이 일을 행하시리니 그 때에 살 자가 누구이랴 깃딤 해변에서 배들이 와서 앗수르를 학대하며 에벨을 괴롭힐 것이나 그도 멸망하리로다 하고"(민 24:17~24)

메시야이시고 하나님나라 왕과 중심이신 예수 그리스도께서는 인간의 혈과 육을 취하시고 세상에 오셔서 십자가 대속 사역으로 죄와 사망과 사단의 권세를 멸하시고 유대인들과 이방인들 중에 있는 남은자들(택한 백성들)을 구원하시고 하나님 나라를 건설하시고 확장하시고 완성하시는 분이십니다.

그러므로 성삼위 하나님의 은혜로 하나님나라 안에서 살아가며 하나님을 영화롭게 하는 우리 모두가 되기를 기도합니다.

민수기 25장 1절

"이스라엘이 싯딤에 머물러 있더니 그 백성이 모압 여자들과 음행하기를 시작하니라"(개역개정판)

"그리고 이스라엘이 싯딤 안에 거하였다. 그리고 그 백성들이 모압의 딸들과 음행하기를 시작했다"(원문직역)

민수기 25장은 싯딤에서 이스라엘 백성들의 간음 사건을 기록하고 있습니다.

점쟁이 발람은 악한 꾀로 이스라엘 백성들이 영적 간음과 육적 간음에 빠지게 했습니다.

"보라 이들이 발람의 꾀를 따라 이스라엘 자손을 브올의 사건에서 여호와 앞에 범죄하게 하여 여호와의 회중 가운데에 염병이 일어나게 하였느니라"(민 31:16)

거룩하신 하나님께서는?

첫째, 우상 숭배인 영적 간음과 육적 간음을 미워하시고 진노하십니다.

"이스라엘이 싯딤에 머물러 있더니 그 백성이 모압 여자들과 음행하기를 시작하니라 그 여자들이 자기 신들에게 제사할 때에 이스라엘 백성을 청하매 백성이 먹고 그들의 신들에게 절하므로 이스라엘이 바알브올에게 가담한지라 여호와께서 이스라엘에게 진노하시니라"(민 25:1~3)

둘째, 영적 간음과 육적 간음을 심판하십니다.

"여호와께서 모세에게 이르시되 백성의 수령들을 잡아 태양을 향하여 여호와 앞에

목매어 달라 그리하면 여호와의 진노가 이스라엘에게서 떠나리라 모세가 이스라엘 재판관들에게 이르되 너희는 각각 바알브올에게 가담한 사람들을 죽이라 하니라"(민 25:4~5)

"그 염병으로 죽은 자가 이만 사천 명이었더라"(민 25:9)

"여호와께서 모세에게 말씀하여 이르시되 미디안인들을 대적하여 그들을 치라 이는 그들이 속임수로 너희를 대적하되 브올의 일과 미디안 지휘관의 딸 곧 브올의 일로 염병이 일어난 날에 죽임을 당한 그들의 자매 고스비의 사건으로 너희를 유혹하였음이니라"(민 25:16~18)

셋째, 거룩에 대한 열정을 사랑하십니다.

"이스라엘 자손의 온 회중이 회막 문에서 울 때에 이스라엘 자손 한 사람이 모세와 온 회중의 눈앞에 미디안의 한 여인을 데리고 그의 형제에게로 온지라 제사장 아론의 손자 엘르아살의 아들 비느하스가 보고 회중 가운데에서 일어나 손에 창을 들고 그 이스라엘 남자를 따라 그의 막사에 들어가 이스라엘 남자와 그 여인의 배를 꿰뚫어서 두 사람을 죽이니 염병이 이스라엘 자손에게서 그쳤더라 그 염병으로 죽은 자가 이만 사천 명이었더라 여호와께서 모세에게 말씀하여 이르시되 제사장 아론의 손자 엘르아살의 아들 비느하스가 내 질투심으로 질투하여 이스라엘 자손 중에서 내 노를 돌이켜서 내 질투심으로 그들을 소멸하지 않게 하였도다 그러므로 말하라 내가 그에게 내 평화의 언약을 주리니 그와 그의 후손에게 영원한 제사장 직분의 언약이라 그가 그의 하나님을 위하여 질투하여 이스라엘 자손을 속죄하였음이니라"(민 25:6~13)

그리스도인들에게 교리적 성결과 도덕적 성결은 생명과 같습니다.

그러므로 성삼위 하나님의 은혜로 거룩의 위치에서 살아가며 하나님을 영화롭게 하는 우리 모두가 되기를 기도합니다.

민수기 26장 2절

"이스라엘 자손의 온 회중의 총수를 그들의 조상의 가문을 따라 조사하되 이스라엘 중에 이십 세 이상으로 능히 전쟁에 나갈 만한 모든 자를 계수하라 하시니"(개역개정판)

"너는 이스라엘 아들들의 모든 회중의 머리를 세어라. 20세로부터 그리고 그 이상으로 그들의 아버지의 집을 따라 이스라엘 중에 전쟁에 나갈 수 있는 모든 남자이다"(원문직역)

민수기 26장은 모압 광야에서 가나안 땅으로 들어가기 위한 준비로 두번째 실시하는 인구조사 입니다.

모압 광야에서 두번째 인구조사를 명령하시는 하나님께서는?

첫째, 언약을 신실하게 이행하시는 분입니다.(민 26:1~51)

"염병 후에 여호와께서 모세와 제사장 아론의 아들 엘르아살에게 말씀하여 이르시되 이스라엘 자손의 온 회중의 총수를 그들의 조상의 가문을 따라 조사하되 이스라엘 중에 이십 세 이상으로 능히 전쟁에 나갈 만한 모든 자를 계수하라 하시니"(민 26:1~2)

"여호와께서 아브람에게 이르시되 너는 너의 고향과 친척과 아버지의 집을 떠나 내가 네게 보여 줄 땅으로 가라 내가 너로 큰 민족을 이루고 네게 복을 주어 네 이름을 창대하게 하리니 너는 복이 될지라 너를 축복하는 자에게는 내가 복을 내리고 너를 저주하는 자에게는 내가 저주하리니 땅의 모든 족속이 너로 말미암아 복을 얻을 것이라 하신지라"(창 12:1~3)

둘째, 교회 질서를 소중하게 여기시는 분입니다.

"엘리압의 아들은 느무엘과 다단과 아비람이라 이 다단과 아비람은 회중 가운데서 부름을 받은 자들이니 고라의 무리에 들어가서 모세와 아론을 거슬러 여호와께 반역할 때에 땅이 그 입을 벌려서 그 무리와 고라를 삼키매 그들이 죽었고 당시에 불이 이백오십 명을 삼켜 징표가 되게 하였으나 고라의 아들들은 죽지 아니하였더라"(민 26:9~11)

셋째, 공평하게 하나님나라를 주시는 분입니다.

"여호와께서 모세에게 말씀하여 이르시되 이 명수대로 땅을 나눠 주어 기업을 삼게 하라 수가 많은 자에게는 기업을 많이 줄 것이요 수가 적은 자에게는 기업을 적게 줄 것이니 그들이 계수된 수대로 각기 기업을 주되 오직 그 땅을 제비 뽑아 나누어 그들의 조상 지파의 이름을 따라 얻게 할지니라 그 다소를 막론하고 그들의 기업을 제비 뽑아 나눌지니라"(민 26:52~56)

넷째, 징계하시는 분입니다.

"모세와 제사장 아론이 시내 광야에서 계수한 이스라엘 자손은 한 사람도 들지 못하였으니 이는 여호와께서 그들에게 대하여 말씀하시기를 그들이 반드시 광야에서 죽으리라 하셨음이라 이러므로 여분네의 아들 갈렙과 눈의 아들 여호수아 외에는 한 사람도 남지 아니하였더라"(민 26:64~65)

"여호와께서 이르시되 내가 네 말대로 사하노라 그러나 진실로 내가 살아 있는 것과 여호와의 영광이 온 세계에 충만할 것을 두고 맹세하노니 내 영광과 애굽과 광야에서 행한 내 이적을 보고서도 이같이 열 번이나 나를 시험하고 내 목소리를 청종하지 아니한 그 사람들은 내가 그들의 조상들에게 맹세한 땅을 결단코 보지 못할 것이요 또 나를 멸시하는 사람은 한 사람도 그것을 보지 못하리라 그러나 내 종 갈렙은 그 마음이 그들과 달라서 나를 온전히 따랐은즉 그가 갔던 땅으로 내가 그를 인도하여 들이리니 그의 자손이 그 땅을 차지하리라"(민 14:20~24)

하나님께서는 언약을 신실하게 이행하시고 긍휼과 자비가 풍성하시고 의로우신 분이십니다.

그러므로 성삼위 하나님의 은혜로 하나님을 사랑하며 영화롭게 하는 우리 모두가 되기를 기도합니다.

민수기 27장 1절

"요셉의 아들 므낫세 종족들에게 므낫세의 현손 마길의 증손 길르앗의 손자 헤벨의 아들 슬로브핫의 딸들이 찾아왔으니 그의 딸들의 이름은 말라와 노아와 호글라와 밀가와 디르사라"(개역개정판)

"요셉의 아들 므낫세 가족에서 므낫세의 아들(현손) 마길의 아들(증손) 길르앗의 아들(손자) 헤벨의 아들인 슬로보핫의 딸들이 나왔다. 그리고 그의 딸들의 이름들은 말라와 노아 그리고 호글라 그리고 밀가 그리고 디르사이다"(원문직역)

민수기 27장은 하나님 나라를 표상하는 가나안 땅 상속 문제와 모세의 후계자인 여호수아를 세우는 내용을 기록하고 있습니다.

하나님 나라를 기업으로 주시고 교회의 후계자를 세우시는 하나님께서는?

첫째, 인권의 질서를 세우시는 분입니다.(민 27:1~7)

"모세가 그 사연을 여호와께 아뢰니라 여호와께서 모세에게 말씀하여 이르시되 슬로브핫 딸들의 말이 옳으니 너는 반드시 그들의 아버지의 형제 중에서 그들에게 기업을 주어 받게 하되 그들의 아버지의 기업을 그들에게 돌릴지니라"(민 27:5~7)

둘째, 하나님 나라를 보편적으로 주시는 분입니다.

"너는 이스라엘 자손에게 말하여 이르기를 사람이 죽고 아들이 없으면 그의 기업을 그의 딸에게 돌릴 것이요 딸도 없으면 그의 기업을 그의 형제에게 줄 것이요 형제도 없으면 그의 기업을 그의 아버지의 형제에게 줄 것이요 그의 아버지의 형제도 없으면 그의 기업을 가장 가까운 친족에게 주어 받게 할지니라 하고 나 여호와가 너 모세에게 명령한 대로 이스라엘 자손에게 판결의 규례가 되게 할지니라"(민 27:8~11)

셋째, 후계의 질서를 세우시는 분입니다.(민 27:12~20)

"여호와께서 모세에게 이르시되 눈의 아들 여호수아는 그 안에 영이 머무는 자니 너는 데려다가 그에게 안수하고 그를 제사장 엘르아살과 온 회중 앞에 세우고 그들의 목전에서 그에게 위탁하여 네 존귀를 그에게 돌려 이스라엘 자손의 온 회중을 그에게 복종하게 하라"(민 27:18~20)

넷째, 교회의 질서를 세우시는 분입니다.

"그는 제사장 엘르아살 앞에 설 것이요 엘르아살은 그를 위하여 우림의 판결로써 여호와 앞에 물을 것이며 그와 온 이스라엘 자손 곧 온 회중은 엘르아살의 말을 따라 나가며 들어올 것이니라 모세가 여호와께서 자기에게 명령하신 대로 하여 여호수아를 데려다가 제사장 엘르아살과 온 회중 앞에 세우고 그에게 안수하여 위탁하되 여호와께서 모세에게 명령하신 대로 하였더라"(민 27:21~23)

교회의 머리는 예수 그리스도이십니다.

하나님은 인권의 질서와 후계의 질서와 교회의 질서를 세우시는 분이십니다.

그러므로 성삼위 하나님의 은혜로 질서에 순종하며 하나님을 영화롭게 하는 우리 모두가 되기를 기도합니다.

민수기 28장 31절

"너희는 다 흠 없는 것으로 상번제와 그 소제와 전제 외에 그것들을 드릴 것이니라"(개역개정판)

"계속 드리는 번제와 그리고 소제를 너희는 그들의 전제와 함께 온전한 것으로 너희를 위해 준비할 것이다"(원문직역)

민수기 28장은 절기들에 대한 말씀입니다.

예수 그리스도의 대속 사역으로 구원받은 그리스도인들은?

첫째, 예수 그리스도의 품 안에서 날마다 생활예배를 드리는 사람들입니다.(민 28:1~8)

"여호와께서 모세에게 말씀하여 이르시되 이스라엘 자손에게 명령하여 그들에게 이르라 내 헌물, 내 음식인 화제물 내 향기로운 것은 너희가 그 정한 시기에 삼가 내게 바칠지니라 또 그들에게 이르라 너희가 여호와께 드릴 화제는 이러하니 일 년 되고 흠 없는 숫양을 매일 두 마리씩 상번제로 드리되 어린 양 한 마리는 아침에 드리고 어린 양 한 마리는 해 질 때에 드릴 것이요"(민 28:1~4)

둘째, 성도의 안식일인 주일에 바른 의식 예배를 드리는 사람들입니다.

"안식일에는 일 년 되고 흠 없는 숫양 두 마리와 고운 가루 십분의 이에 기름 섞은 소제와 그 전제를 드릴 것이니 이는 상번제와 그 전제 외에 매 안식일의 번제니라"(민 28:9~10)

셋째, 예수 그리스도의 품 안에서 자신을 하나님께 드리는 사람들입니

다.(민 28:11~15)

"초하루에는 수송아지 두 마리와 숫양 한 마리와 일 년 되고 흠 없는 숫양 일곱 마리로 여호와께 번제를 드리되 매 수송아지에는 고운 가루 십분의 삼에 기름 섞은 소제와 숫양 한 마리에는 고운 가루 십분의 이에 기름 섞은 소제와 매 어린 양에는 고운 가루 십분의 일에 기름 섞은 소제를 향기로운 번제로 여호와께 화제를 드릴 것이며"(민 28:11~13)

넷째, 예수 그리스도의 품 안에서 성결하게 사는 사람들입니다.(민 28:16~25)

"첫째 달 열넷째 날은 여호와를 위하여 지킬 유월절이며 또 그 달 열다섯째 날부터는 명절이니 이레 동안 무교병을 먹을 것이며"(민 28:16~17)

다섯째, 예수 그리스도의 몸 된 교회안에서 지체들과 더불어 함께 지어져 가며 자신을 하나님께 드리는 사람들입니다.(민 28:26~31)

"칠칠절 처음 익은 열매를 드리는 날에 너희가 여호와께 새 소제를 드릴 때에도 성회로 모일 것이요 아무 일도 하지 말 것이며 수송아지 두 마리와 숫양 한 마리와 일 년 된 숫양 일곱 마리로 여호와께 향기로운 번제를 드릴 것이며"(민 28:26~27)

그리스도인들은 예수 그리스도의 품 안에서 자신을 하나님께 드리며 예배를 드리는 사람들입니다.

"너희는 다 흠 없는 것으로 상번제와 그 소제와 전제 외에 그것들을 드릴 것이니라"(민 28:31)

그러므로 성삼위 하나님의 은혜로 바른 예배를 드리며 하나님을 영화롭게 하는 우리 모두가 되기를 기도합니다.

민수기 29장 39절

"너희가 이 절기를 당하거든 여호와께 이같이 드릴지니 이는 너희의 서원제나 낙헌제로 드리는 번제, 소제, 전제, 화목제 외에 드릴 것이니라"(개역개정판)

"너희는 이것들을 너희의 정한 절기에 여호와께 드려야 한다. 너희의 서원제 그리고 너희의 자원제 그리고 너희의 번제 그리고 너희의 소제 그리고 너희의 화목제이다"(원문직역)

민수기 29장은 28장에 연이은 절기들에 대한 말씀입니다.

예수 그리스도의 대속 사역으로 구원받은 그리스도인들은?

첫째, 예수 그리스도의 초림과 재림을 기뻐하는 사람들입니다.(민 29:1~6)

"일곱째 달에 이르러는 그 달 초하루에 성회로 모이고 아무 노동도 하지 말라 이는 너희가 나팔을 불 날이니라 너희는 수송아지 한 마리와 숫양 한 마리와 일 년 되고 흠 없는 숫양 일곱 마리를 여호와께 향기로운 번제로 드릴 것이며 그 소제로는 고운 가루에 기름을 섞어서 쓰되 수송아지에는 십분의 삼이요 숫양에는 십분의 이요"(민 29:1~3)

둘째, 생명얻는 회개의 은총가운데 사는 사람들입니다.(민 29:7~11)

"일곱째 달 열흘 날에는 너희가 성회로 모일 것이요 너희의 심령을 괴롭게 하며 아무 일도 하지 말 것이니라 너희는 수송아지 한 마리와 숫양 한 마리와 일 년 된 숫양 일곱 마리를 다 흠 없는 것으로 여호와께 향기로운 번제를 드릴 것이며 그 소제로는 고운 가루에 기름을 섞어서 쓰되 수송아지 한 마리에는 십분의 삼이요 숫양 한 마리에는 십분의 이요"(민 29:7~9)

셋째, 예수 그리스도의 품 안에서 구원의 은총에 감사하며 영원한 안식을 바라보며 기뻐하고 즐거워하는 사람들입니다.(민 29:12~38)

> "일곱째 달 열다섯째 날에는 너희가 성회로 모일 것이요 아무 일도 하지 말 것이며 이레 동안 여호와 앞에 절기를 지킬 것이라 너희 번제로 여호와께 향기로운 화제를 드리되 수송아지 열세 마리와 숫양 두 마리와 일 년 된 숫양 열네 마리를 다 흠 없는 것으로 드릴 것이며 그 소제로는 고운 가루에 기름을 섞어서 수송아지 열세 마리에는 각기 십분의 삼이요 숫양 두 마리에는 각기 십분의 이요 어린 양 열네 마리에는 각기 십분의 일을 드릴 것이며 상번제와 그 소제와그 전제 외에 숫염소 한 마리를 속죄제로 드릴 것이니라"(민 29:12~16)

그리스도인들은 예수 그리스도의 품 안에서 자신을 하나님께 드리는 사람들입니다.

> "너희가 이 절기를 당하거든 여호와께 이같이 드릴지니 이는 너희의 서원제나 낙헌제로 드리는 번제, 소제, 전제, 화목제 외에 드릴 것이니라 모세가 여호와께서 모세에게 명령하신 모든 일을 이스라엘 자손에게 말하니라"(민 29:39~40)

> "그러므로 형제들아 내가 하나님의 모든 자비하심으로 너희를 권하노니 너희 몸을 하나님이 기뻐하시는 거룩한 산 제물로 드리라 이는 너희가 드릴 영적 예배니라"(롬 12:1)

그러므로 성삼위 하나님의 은혜로 우리 자신들을 하나님께 드리며 하나님을 영화롭게 하는 우리 모두가 되기를 기도합니다.

민수기 30장 2절

"사람이 여호와께 서원하였거나 결심하고 서약하였으면 깨뜨리지 말고 그가 입으로 말한 대로 다 이행할 것이니라"(개역개정판)

"참으로 어떤 남자가 여호와께 서원을 했으면 혹은 그 자신으로 절제를 서원하거나 맹세를 서원했으면 그는 그의 말을 모독하지 말아야 한다. 그는 그의 입에서 나온 모든 것대로 행해야 한다"(원문직역)

민수기 30장은 서원에 대한 말씀들입니다.

첫째, 합법적 맹세와 서원은 지켜야 합니다.

"모세가 이스라엘 자손 지파의 수령들에게 말하여 이르되 여호와의 명령이 이러하니라 사람이 여호와께 서원하였거나 결심하고 서약하였으면 깨뜨리지 말고 그가 입으로 말한 대로 다 이행할 것이니라"(민 30:1~2)

둘째, 가정에서의 맹세와 서원은 창조의 질서에 따라 이행되어야 합니다.(민 30:3~16)

"그의 아버지가 그의 서원이나 그가 결심한 서약을 듣고도 그에게 아무 말이 없으면 그의 모든 서원을 행할 것이요 그가 결심한 서약을 지킬 것이니라 그러나 그의 아버지가 그것을 듣는 날에 허락하지 아니하면 그의 서원과 결심한 서약을 이루지 못할 것이니 그의 아버지가 허락하지 아니하였은즉 여호와께서 사하시리라"(민 30:4~5)

"그의 남편이 그것을 듣고 그 듣는 날에 그에게 아무 말이 없으면 그 서원을 이행할 것이요 그가 결심한 서약을 지킬 것이니라 그러나 그의 남편이 그것을 듣는 날에 허락하지 아니하면 그 서원과 결심하려고 경솔하게 입술로 말한 서약은 무효

가 될 것이니 여호와께서 그 여자를 사하시리라"(민 30:7~8)

"과부나 이혼 당한 여자의 서원이나 그가 결심한 모든 서약은 지킬 것이니라"(민 30:9)

"모든 서원과 마음을 자제하기로 한 모든 서약은 그의 남편이 그것을 지키게도 할 수 있고 무효하게도 할 수 있으니 그의 남편이 여러 날이 지나도록 말이 없으면 아내의 서원과 스스로 결심한 일을 지키게 하는 것이니 이는 그가 그것을 들을 때에 그의 아내에게 아무 말도 아니하였으므로 지키게 됨이니라 그러나 그의 남편이 들은 지 얼마 후에 그것을 무효하게 하면 그가 아내의 죄를 담당할 것이니라"(민 30:13~15)

합법적 맹세와 서원은 반드시 지켜야 합니다.

"네 하나님 여호와께 서원하거든 갚기를 더디하지 말라 네 하나님 여호와께서 반드시 그것을 네게 요구하시리니 더디면 그것이 네게 죄가 될 것이라 네가 서원하지 아니하였으면 무죄하리라 그러나 네 입으로 말한 것은 그대로 실행하도록 유의하라 무릇 자원한 예물은 네 하나님 여호와께 네가 서원하여 입으로 언약한 대로 행할지니라"(신 23:21~23)

불법적이고 감당할 수 없는 맹세와 서원은 회개하고 이행하지 말아야 합니다.

"대제사장들과 장로들에게 가서 말하되 우리가 바울을 죽이기 전에는 아무 것도 먹지 않기로 굳게 맹세하였으니"(행 23:14)

그러므로 성삼위 하나님의 은혜로 바른 맹세와 서원을 신중하게 하며 하나님을 영화롭게 하는 우리 모두가 되기를 기도합니다.

민수기 31장 2절

"이스라엘 자손의 원수를 미디안에게 갚으라 그 후에 네가 네 조상에게로 돌아가리라"(개역개정판)

"너는 미디안 사람들에게 이스라엘 아들들의 원수를 보복하라. 그후에 너는 네 백성들에게 모아질 것이다"(원문직역)

민수기 31장은 하나님께서 이스라엘 백성들로 미디안을 정복하게 하시는 말씀입니다.

미디안을 정복하게 하는 하나님께서는?

첫째, 하나님 나라를 대적하는 세력들을 심판하시는 분입니다.(민 31:1~8)

"여호와께서 모세에게 말씀하여 이르시되 이스라엘 자손의 원수를 미디안에게 갚으라 그 후에 네가 네 조상에게로 돌아가리라 모세가 백성에게 말하여 이르되 너와 함께 있는 사람들 가운데서 전쟁에 나갈 사람들을 무장시키고 미디안을 치러 보내어 여호와의 원수를 갚되 이스라엘 모든 지파에게 각 지파에서 천 명씩을 전쟁에 보낼지니라 하매"(민 31:1~4)

둘째, 공의로우신 분입니다.(민 31:9~18)

"모세가 그들에게 이르되 너희가 여자들을 다 살려두었느냐 보라 이들이 발람의 꾀를 따라 이스라엘 자손을 브올의 사건에서 여호와 앞에 범죄하게 하여 여호와의 회중 가운데에 염병이 일어나게 하였느니라 그러므로 아이들 중에서 남자는 다 죽이고 남자와 동침하여 사내를 아는 여자도 다 죽이고 남자와 동침하지 아니하여 사내를 알지 못하는 여자들은 다 너희를 위하여 살려둘 것이니라"(민 31:15~18)

셋째, 거룩하신 분입니다.(민 31:19~24)

"너희는 일곱째 날에 옷을 빨아서 깨끗하게 한 후에 진영에 들어올지니라"(민 31:24)

넷째, 모든 재물에 대한 소유권과 경제권을 가지고 계신 분입니다.(민 31:25~47)

"여호와께서 모세에게 말씀하여 이르시되 너는 제사장 엘르아살과 회중의 수령들과 더불어 이 사로잡은 사람들과 짐승들을 계수하고 그 얻은 물건을 반분하여 그 절반은 전쟁에 나갔던 군인들에게 주고 절반은 회중에게 주고 전쟁에 나갔던 군인들은 사람이나 소나 나귀나 양 떼의 오백분의 일을 여호와께 드릴지니라 곧 이를 그들의 절반에서 가져다가 여호와의 거제로 제사장 엘르아살에게 주고 또 이스라엘 자손이 받은 절반에서는 사람이나 소나 나귀나 양 떼나 각종 짐승 오십분의 일을 가져다가 여호와의 성막을 맡은 레위인에게 주라"(민 31:25~30)

다섯째, 당신의 자녀들을 지키시고 보호하시는 분입니다.(민 31:48~54)

"모세에게 말하되 당신의 종들이 이끈 군인을 계수한즉 우리 중 한 사람도 축나지 아니하였기로 우리 각 사람이 받은 바 금 패물 곧 발목 고리, 손목 고리, 인장 반지, 귀 고리, 목걸이들을 여호와께 헌금으로 우리의 생명을 위하여 여호와 앞에 속죄하려고 가져왔나이다"(민 31:49~50)

하나님께서는 거룩하시고 의로우신 천지의 대주재이십니다.

그러므로 성삼위 하나님의 은혜로 거룩한 위치에서 하나님을 사랑하며 영화롭게 하는 우리 모두가 되기를 기도합니다.

민수기 32장 5절

"또 이르되 우리가 만일 당신에게 은혜를 입었으면 이 땅을 당신의 종들에게 그들의 소유로 주시고 우리에게 요단 강을 건너지 않게 하소서"(개역개정판)

"그리고 그들이 말했다. 만일 우리가 당신의 눈 앞에서 은혜를 입었다면 이 땅을 당신의 종들에게 소유지로 주옵소서. 당신은 우리로 요단을 건너지 않게 하옵소서"(원문직역)

민수기 32장 말씀은 르우벤 지파와 갓 지파와 므낫세 반 지파가 요단강 동쪽 지역의 땅을 모세에게 요구하는 말씀입니다.

예수 그리스도의 대속 사역의 은총으로 구원받은 그리스도인들은?

첫째, 하나님 나라보다 재물을 더 사랑하는 사람들이 아닙니다.

"르우벤 자손과 갓 자손은 심히 많은 가축 떼를 가졌더라 그들이 야셀 땅과 길르앗 땅을 본즉 그 곳은 목축할 만한 장소인지라 갓 자손과 르우벤 자손이 와서 모세와 제사장 엘르아살과 회중 지휘관들에게 말하여 이르되 아다롯과 디본과 야셀과 니므라와 헤스본과 엘르알레와 스밤과 느보와 브온 곧 여호와께서 이스라엘 회중 앞에서 쳐서 멸하신 땅은 목축할 만한 장소요 당신의 종들에게는 가축이 있나이다 또 이르되 우리가 만일 당신에게 은혜를 입었으면 이 땅을 당신의 종들에게 그들의 소유로 주시고 우리에게 요단 강을 건너지 않게 하소서"(민 32:1~5)

둘째, 언약의 말씀에 순종하는 사람들입니다.(민 32:6~15)

"애굽에서 나온 자들이 이십 세 이상으로는 한 사람도 내가 아브라함과 이삭과 야곱에게 맹세한 땅을 결코 보지 못하리니 이는 그들이 나를 온전히 따르지 아니하였음이니라 그러나 그나스 사람 여분네의 아들 갈렙과 눈의 아들 여호수아는 여호와를 온전히 따랐느니라 하시고 여호와께서 이스라엘에게 진노하사 그들에게 사십 년 동안 광야에 방황하게 하셨으므로 여호와의 목전에 악을 행한 그 세대가 마침내는 다 끊어졌느니라"(민 32:11~13)

"여호와께서 아브람에게 이르시되 너는 너의 고향과 친척과 아버지의 집을 떠나 내가 네게 보여 줄 땅으로 가라 내가 너로 큰 민족을 이루고 네게 복을 주어 네 이름을 창대하게 하리니 너는 복이 될지라 너를 축복하는 자에게는 내가 복을 내리고 너를 저주하는 자에게는 내가 저주하리니 땅의 모든 족속이 너로 말미암아 복을 얻을 것이라 하신지라"(창 12:1~3)

셋째, 연약한 사람들을 불쌍히 여기는 사람들입니다.(민 32:16~42)

"모세가 그들에게 이르되 너희가 만일 이 일을 행하여 무장하고 여호와 앞에서 가서 싸우되 너희가 다 무장하고 여호와 앞에서 요단을 건너가서 여호와께서 그의 원수를 자기 앞에서 쫓아내시고 그 땅이 여호와 앞에 복종하게 하시기까지 싸우면 여호와 앞에서나 이스라엘 앞에서나 무죄하여 돌아오겠고 이 땅은 여호와 앞에서 너희의 소유가 되리라마는 너희가 만일 그같이 아니하면 여호와께 범죄함이니 너희 죄가 반드시 너희를 찾아낼 줄 알라 너희는 어린 아이들을 위하여 성읍을 건축하고 양을 위하여 우리를 지으라 그리하고 너희의 입이 말한 대로 행하라"(민 32:20~24)

르우벤 지파와 갓 지파와 므낫세 반 지파가 유업으로 받은 요단강 동편의 땅은 바벨론 포로 이후 회복되지 않습니다.

그러므로 성삼위 하나님의 은혜로 하나님 나라 속에서 언약의 말씀에 순종하며 하나님을 영화롭게 하는 우리 모두가 되기를 기도합니다.

민수기 33장 1절

"모세와 아론의 인도로 대오를 갖추어 애굽을 떠난 이스라엘 자손들의 노정은 이러하니라"(개역개정판)

"이것은 모세와 아론의 손으로 애굽땅으로부터 그들의 부대대로 나왔던 이스라엘 아들들의 여정이다"(원문직역)

민수기 33장은 이스라엘 백성들이 40년동안 41개 지역을 지난 여정입니다.

하나님 나라 백성들은 이 세상에서 나그네와 행인 같은 존재들입니다.

"이 사람들은 다 믿음을 따라 죽었으며 약속을 받지 못하였으되 그것들을 멀리서 보고 환영하며 또 땅에서는 외국인과 나그네임을 증언하였으니 그들이 이같이 말하는 것은 자기들이 본향 찾는 자임을 나타냄이라"(히 11:13~14)

하나님께서는 은혜 언약을 신실하게 이행하시는 분입니다.

"모세와 아론의 인도로 대오를 갖추어 애굽을 떠난 이스라엘 자손들의 노정은 이러하니라 모세가 여호와의 명령대로 그 노정을 따라 그들이 행진한 것을 기록하였으니 그들이 행진한 대로의 노정은 이러하니라 그들이 첫째 달 열다섯째 날에 라암셋을 떠났으니 곧 유월절 다음 날이라 이스라엘 자손이 애굽 모든 사람의 목전에서 큰 권능으로 나왔으니 애굽인은 여호와께서 그들 중에 치신 그 모든 장자를 장사하는 때라 여호와께서 그들의 신들에게도 벌을 주셨더라"(민 33:1~4)

나그네와 행인 같은 그리스도인들은 연약하고 나약한 존재들입니다.(민 33:5~49)

"알루스를 떠나 르비딤에 진을 쳤는데 거기는 백성이 마실 물이 없었더라 르비딤을 떠나 시내 광야에 진을 치고 시내 광야를 떠나 기브롯핫다아와에 진을 치고 기

브롯핫다아와를 떠나 하세롯에 진을 치고"(민 33:14~17)

하나님께서는 연약하고 나약한 그리스도인들을 버리시지 않고 하나님 나라를 주시는 분입니다.

"여리고 맞은편 요단 강 가 모압 평지에서 여호와께서 모세에게 말씀하여 이르시되 이스라엘 자손에게 말하여 그들에게 이르라 너희가 요단 강을 건너 가나안 땅에 들어가거든"(민 33:50~51)

하나님 나라를 유업으로 받은 그리스도인들은?

첫째, 우상 숭배하지 말아야 합니다.

"그 땅의 원주민을 너희 앞에서 다 몰아내고 그 새긴 석상과 부어 만든 우상을 다 깨뜨리며 산당을 다 헐고"(민 33:52)

둘째, 하나님 나라 속에서 살아야 합니다.

"그 땅을 점령하여 거기 거주하라 내가 그 땅을 너희 소유로 너희에게 주었음이라 너희의 종족을 따라 그 땅을 제비 뽑아 나눌 것이니 수가 많으면 많은 기업을 주고 적으면 적은 기업을 주되 각기 제비 뽑은 대로 그 소유가 될 것인즉 너희 조상의 지파를 따라 기업을 받을 것이니라"(민 33:53~54)

셋째, 세상을 따라가지 말아야 합니다.

"너희가 만일 그 땅의 원주민을 너희 앞에서 몰아내지 아니하면 너희가 남겨둔 자들이 너희의 눈에 가시와 너희의 옆구리에 찌르는 것이 되어 너희가 거주하는 땅에서 너희를 괴롭게 할 것이요 나는 그들에게 행하기로 생각한 것을 너희에게 행하리라"(민 33:55~56)

그리스도인들은 하나님 나라와 그 의를 위해 사는 사람들입니다.

"그런즉 너희는 먼저 그의 나라와 그의 의를 구하라 그리하면 이 모든 것을 너희에게 더하시리라"(마 6:33)

그러므로 성삼위 하나님의 은혜로 하나님 나라 속에서 살아가며 하나님을 영화롭게 하는 우리 모두가 되기를 기도합니다.

민수기 34장 2절

"너는 이스라엘 자손에게 명령하여 그들에게 이르라 너희가 가나안 땅에 들어가는 때에 그 땅은 너희의 기업이 되리니 곧 가나안 사방 지경이라"(개역개정판)

"너는 이스라엘 아들들에게 명령하라. 그리고 너는 그들에게 말하라. 너희가 가나안 그 땅에 들어갈 때에 이 땅은 너희에게 유업으로 떨어질 땅이다. 가나안 땅과 그 경계들이다"(원문직역)

민수기 34장은 가나안 땅 경계와 가나안 땅을 나누어 주는 지도자들의 명단입니다.

가나안 땅을 주시고 지도자들을 세우시는 하나님께서는?

첫째, 하나님 나라를 주시는 분입니다.(민 34:1~15)

"여호와께서 모세에게 말씀하여 이르시되 너는 이스라엘 자손에게 명령하여 그들에게 이르라 너희가 가나안 땅에 들어가는 때에 그 땅은 너희의 기업이 되리니 곧 가나안 사방 지경이라 너희 남쪽은 에돔 곁에 접근한 신 광야니 너희의 남쪽 경계는 동쪽으로 염해 끝에서 시작하여 돌아서 아그랍빔 언덕 남쪽에 이르고 신을 지나 가데스바네아 남쪽에 이르고 또 하살아달을 지나 아스몬에 이르고 아스몬에서 돌아서 애굽 시내를 지나 바다까지 이르느니라"(민 34:1~5)

"그 날에 여호와께서 아브람과 더불어 언약을 세워 이르시되 내가 이 땅을 애굽 강에서부터 그 큰 강 유브라데까지 네 자손에게 주노니 곧 겐 족속과 그니스 족속과 갓몬 족속과 헷 족속과 브리스 족속과 르바 족속과 아모리 족속과 가나안 족속과 기르가스 족속과 여부스 족속의 땅이니라 하셨더라"(창 15:18~21)

하나님은 스스로 낮아지셔서 언약을 맺으시고 그 언약을 신실하게 이행하시는 분입니다.

둘째, 교회의 질서(법, 정치)를 세우시는 분입니다.(민 34:16~29)

"여호와께서 또 모세에게 말씀하여 이르시되 너희에게 땅을 기업으로 나눌 자의 이름은 이러하니 제사장 엘르아살과 눈의 아들 여호수아니라 너희는 또 기업의 땅을 나누기 위하여 각 지파에 한 지휘관씩 택하라 그 사람들의 이름은 이러하니 유다 지파에서는 여분네의 아들 갈렙이요"(민 34:16~19)

"이들이 여호와께서 명령하사 가나안 땅에서 이스라엘 자손에게 기업을 받게 하신 자들이니라"(민 34:29)

"하나님은 무질서의 하나님이 아니시요 오직 화평의 하나님이시니라"(고전 14:33 상)

그리스도인들은 하나님 나라 속에서 완성을 향해 전진하며 교회의 질서(법, 정치)에 순종하는 사람들입니다.

그러므로 성삼위 하나님의 은혜로 예수 그리스도의 몸 된 교회와 자신 삶의 영역에서 하나님 나라를 드러내고 교회법에 순종하며 하나님을 영화롭게 하는 우리 모두가 되기를 기도합니다.

민수기 35장 2절

"이스라엘 자손에게 명령하여 그들이 받은 기업에서 레위인에게 거주할 성읍들을 주게 하고 너희는 또 그 성읍들을두르고 있는 초장을 레위인에게 주어서"(개역개정판)

"너는 이스라엘 아들들에게 명령하라. 그리고 그들이 소유한 기업 중에서 레위 사람들에게 거주할 성읍들을 주게 하라. 그리고 성읍들 주위에 있는 초원을 레위인들에게 주어라"(원문직역)

민수기 35장은 기업이 없는 레위인들에게 주는 유업과 도피성 제도에 관한 말씀입니다.

도피성은 모든 그리스도인의 피난처 되신 예수 그리스도와 예수 그리스도의 몸 된 교회를 예표합니다.(민 35:9~15, 22~29)

"여호와께서 또 모세에게 말씀하여 이르시되 이스라엘 자손에게 말하여 그들에게 이르라 너희가 요단 강을 건너 가나안 땅에 들어가거든 너희를 위하여 성읍을 도피성으로 정하여 부지중에 살인한 자가 그리로 피하게 하라 이는 너희가 복수할 자에게서 도피하는 성을 삼아 살인자가 회중 앞에 서서 판결을 받기까지 죽지 않게 하기 위함이니라"(민 35:9~12)

"이는 살인자가 대제사장이 죽기까지 그 도피성에 머물러야 할 것임이라 대제사장이 죽은 후에는 그 살인자가 자기 소유의 땅으로 돌아갈 수 있느니라"(민 35:28)

하나님께서 은혜의 선물로 주신 믿음으로 구원받은 그리스도인들은?

첫째, 교회를 받들어 섬기고 세우기 위해 목회자들을 소중히 여기는 사람들입니다.(민 35:1~8)

"여호와께서 여리고 맞은편 요단 강 가 모압 평지에서 모세에게 말씀하여 이르시되 이스라엘 자손에게 명령하여 그들이 받은 기업에서 레위인에게 거주할 성읍들을 주게 하고 너희는 또 그 성읍들을 두르고 있는 초장을 레위인에게 주어서 성읍은 그들의 거처가 되게 하고 초장은 그들의 재산인 가축과 짐승들을 둘 곳이 되게 할 것이라 너희가 레위인에게 줄 성읍들의 들은 성벽에서부터 밖으로 사방 천 규빗이라"(민 35:1~4)

목회자는 성실하게 성경을 가르치고 성도들을 돌보며 진리로 교회를 받들어 섬기고 세워 나가는 사람들입니다.

둘째, 하나님께서 주신 공의의 법에 순종하는 사람들입니다.(민 35:16~29)

"만일 철 연장으로 사람을 쳐죽이면 그는 살인자니 그 살인자를 반드시 죽일 것이요 만일 사람을 죽일 만한 돌을 손에 들고 사람을 쳐죽이면 이는 살인한 자니 그 살인자는 반드시 죽일 것이요 만일 사람을 죽일 만한 나무 연장을 손에 들고 사람을 쳐죽이면 그는 살인한 자니 그 살인자는 반드시 죽일 것이니라 피를 보복하는 자는 그 살인한 자를 자신이 죽일 것이니 그를 만나면 죽일 것이요"(민 35:16~19)

모든 재판정에서의 공적인 법은 공의입니다. 그리스도인이 개인적으로 지켜야 하는 법은 사랑입니다.

"원수를 갚지 말며 동포를 원망하지 말며 네 이웃 사랑하기를 네 자신과 같이 사랑하라 나는 여호와이니라"(레 19:18)

셋째, 공평한 판단의 터 위에서 생명을 소중히 여기는 사람들입니다.(민 35:30~34)

"너희는 너희가 거주하는 땅을 더럽히지 말라 피는 땅을 더럽히나니 피 흘림을

받은 땅은 그 피를 흘리게 한 자의 피가 아니면 속함을 받을 수 없느니라"(민 35:33~34)

그리스도인들은 하나님을 사랑하며 사람들을 사랑하는 사람들입니다.

"예수께서 이르시되 네 마음을 다하고 목숨을 다하고 뜻을 다하여 주 너의 하나님을 사랑하라 하셨으니 이것이 크고 첫째 되는 계명이요 둘째도 그와 같으니 네 이웃을 네 자신 같이 사랑하라 하셨으니 이 두 계명이 온 율법과 선지자의 강령이니라"(마 22:37~40)

그러므로 성삼위 하나님의 은혜로 사랑안에서 살아가며 하나님을 영화롭게 하는 우리 모두가 되기를 기도합니다.

민수기 36장 10절

"슬로브핫의 딸들이 여호와께서 모세에게 명령하신 대로 행하니라"(개역개정판)

"여호와께서 모세에게 명령하신 대로 슬로보핫의 딸들이 그렇게 행하였다"(원문직역)

민수기 36장은 민수기 27:1~11절 이후 나타나는 문제를 해결하는 여자의 가나안 땅 상속에 대한 규례의 말씀 입니다.

예수 그리스도를 믿음으로 구원받은 그리스도인들은?

첫째, 하나님 나라를 소중하게 여기는 사람들입니다.

"요셉 자손의 종족 중 므낫세의 손자 마길의 아들 길르앗 자손 종족들의 수령들이 나아와 모세와 이스라엘 자손의 수령 된 지휘관들 앞에 말하여 이르되 여호와께서 우리 주에게 명령하사 이스라엘 자손에게 제비 뽑아 그 기업의 땅을 주게 하셨고 여호와께서 또 우리 주에게 명령하사 우리 형제 슬로브핫의 기업을 그의 딸들에게 주게 하셨은즉 그들이 만일 이스라엘 자손의 다른 지파들의 남자들의 아내가 되면 그들의 기업은 우리 조상의 기업에서 떨어져 나가고 그들이 속할 그 지파의 기업에 첨가되리니 그러면 우리가 제비 뽑은 기업에서 떨어져 나갈 것이요 이스라엘 자손의 희년을 당하여 그 기업이 그가 속한 지파에 첨가될 것이라 그런즉 그들의 기업은 우리 조상 지파의 기업에서 아주 삭감되리이다"(민 36:1~4)

둘째, 기도와 말씀으로 살아가는 사람들입니다.

"모세가 여호와의 말씀으로 이스라엘 자손에게 명령하여 이르되 요셉 자손 지파의 말이 옳도다"(민 36:5)

셋째, 하나님 말씀에 순종하는 사람들입니다.(민 36:6~13)

"슬로브핫의 딸들에게 대한 여호와의 명령이 이러하니라 이르시되 슬로브핫의 딸들은 마음대로 시집가려니와 오직 그 조상 지파의 종족에게로만 시집갈지니 그리하면 이스라엘 자손의 기업이 이 지파에서 저 지파로 옮기지 않고 이스라엘 자손이 다 각기 조상 지파의 기업을 지킬 것이니라 하셨나니 이스라엘 자손의 지파 중 그 기업을 이은 딸들은 모두 자기 조상 지파의 종족되는 사람의 아내가 될 것이라 그리하면 이스라엘 자손이 각기 조상의 기업을 보전하게 되어 그 기업이 이 지파에서 저 지파로 옮기게 하지 아니하고 이스라엘 자손 지파가 각각 자기 기업을 지키리라 슬로브핫의 딸들이 여호와께서 모세에게 명령하신 대로 행하니라"(민 36:6~10)

하나님께서는 모든 그리스도인들에게 보편적으로 하나님 나라를 주시는 분이십니다.

"여호와께서 모세에게 말씀하여 이르시되 슬로브핫 딸들의 말이 옳으니 너는 반드시 그들의 아버지의 형제 중에서 그들에게 기업을 주어 받게 하되 그들의 아버지의 기업을그들에게 돌릴지니라"(민 27:6~7)

그러므로 성삼위 하나님의 은혜로 하나님 나라 속에서 살아가며 하나님을 영화롭게 하는 우리 모두가 되기를 기도합니다.

신명기

신명기 1장 8절

"내가 너희의 조상 아브라함과 이삭과 야곱에게 맹세하여 그들과 그들의 후손에게 주리라 한 땅이 너희 앞에 있으니 들어가서 그 땅을 차지할지니라"(개역개정판)

"너는 보라! 내가 그 땅을 너희들 앞에 주었다. 너희들은 들어가라. 그리고 너희들은 여호와께서 너희의 아버지들인 아브라함과 이삭과 야곱에게 곧 그들에게와 그리고 그들 이후의 그들의 자손들에게 주시기로 맹세하신 그 땅을 소유하라"(원문직역)

신명기 1장은 출애굽 이후 이스라엘 백성들의 광야 생활 여정을 기록하고 있습니다.

예수 그리스도의 대속 사역의 은총으로 구원받은 그리스도인들은?

첫째, 하나님 나라를 소유하는 사람들입니다.(신 1:1~8)

"우리 하나님 여호와께서 호렙 산에서 우리에게 말씀하여 이르시기를 너희가 이 산에 거주한 지 오래니 방향을 돌려 행진하여 아모리 족속의 산지로 가고 그 근방 곳곳으로 가고 아라바와 산지와 평지와 네겝과 해변과 가나안 족속의 땅과 레바논과 큰 강 유브라데까지 가라 내가 너희의 조상 아브라함과 이삭과 야곱에게 맹세하여 그들과 그들의 후손에게 주리라 한 땅이 너희 앞에 있으니 들어가서 그 땅을 차지할지니라"(신 1:6~8)

둘째, 교회법(질서, 정치)에 순종하는 사람들입니다.(민 1:9~18)

"내가 너희 지파의 수령으로 지혜가 있고 인정 받는 자들을 취하여 너희의 수령을 삼되 곧 각 지파를 따라 천부장과 백부장과 오십부장과 십부장과 조장을 삼고 내가 그 때에 너희의 재판장들에게 명하여 이르기를 너희가 너희의 형제 중에서 송사를 들을 때에 쌍방간에 공정히 판결할 것이며 그들 중에 있는 타국인에게도 그리 할 것이라 재판은 하나님께 속한 것인즉 너희는 재판할 때에 외모를 보지 말고 귀천을 차별 없이 듣고 사람의 낯을 두려워하지 말 것이며 스스로 결단하기 어려운 일이 있거든 내게로 돌리라 내가 들으리라 하였고 내가 너희의 행할 모든 일을 그 때에 너희에게 다 명령하였느니라"(신 1:15~18)

셋째, 믿음으로 행하며 하나님 말씀에 순종하는 사람들입니다.(신 1:19~36)

"내가 너희에게 말하기를 그들을 무서워하지 말라 두려워하지 말라 너희보다 먼저 가시는 너희의 하나님 여호와께서 애굽에서 너희를 위하여 너희 목전에서 모든 일을 행하신 것 같이 이제도 너희를 위하여 싸우실 것이며 광야에서도 너희가 당하였거니와 사람이 자기의 아들을 안는 것 같이 너희의 하나님 여호와께서 너희가 걸어온 길에서 너희를 안으사 이 곳까지 이르게 하셨느니라 하나 이 일에 너희가 너희의 하나님 여호와를 믿지 아니하였도다 그는 너희보다 먼저 그 길을 가시며 장막 칠 곳을 찾으시고 밤에는 불로, 낮에는 구름으로 너희가 갈 길을 지시하신 자이시니라"(신 1:29~33)

넷째, 하나님의 거룩한 속성을 드러내는 사람들입니다.

"여호와께서 너희 때문에 내게도 진노하사 이르시되 너도 그리로 들어가지 못하리라"(신 1:37)

"모세와 아론이 회중을 그 반석 앞에 모으고 모세가 그들에게 이르되 반역한 너희여 들으라 우리가 너희를 위하여 이 반석에서 물을 내랴 하고 모세가 그의 손을 들어 그의 지팡이로 반석을 두 번 치니 물이 많이 솟아나오므로 회중과 그들의 짐승이 마시니라 여호와께서 모세와 아론에게 이르시되 너희가 나를 믿지 아니하고 이스라엘 자손의 목전에서 내 거룩함을 나타내지 아니한 고로 너희는 이 회중을 내가 그들에게 준 땅으로 인도하여 들이지 못하리라 하시니라 이스라엘 자손이 여호와와 다투었으므로 이를 므리바 물이라 하니라 여호와께서 그들 중에서 그 거룩함을 나타내셨더라"(민 20:10~13)

다섯째, 하나님의 징계를 달게 받는 사람들입니다.(신 1:38~46)

"여호와께서 내게 이르시되 너는 그들에게 이르기를 너희는 올라가지 말라 싸우지 도 말라 내가 너희 중에 있지 아니하니 너희가 대적에게 패할까 하노라 하시기로 내가 너희에게 말하였으나 너희가 듣지 아니하고 여호와의 명령을 거역하고 거리낌 없이 산지로 올라가매 그 산지에 거주하는 아모리 족속이 너희에게 마주 나와 벌 떼 같이 너희를 쫓아 세일 산에서 쳐서 호르마까지 이른지라 너희가 돌아와 여호와 앞에서 통곡하나 여호와께서 너희의 소리를 듣지 아니하시며 너희에게 귀를 기울이지 아니하셨으므로"(신 1:42~45)

그리스도인들은 하나님 나라 속에서 믿음으로 살아가며 교회법과 하나님 말씀에 순종하는 사람들입니다.

그러므로 성삼위 하나님의 은혜로 바른 믿음으로 살며 하나님을 영화롭게 하는 우리 모두가 되기를 기도합니다.

신명기 2장 3절

"너희가 이 산을 두루 다닌 지 오래니 돌이켜 북으로 나아가라"(개역개정판)

"이 산을 두루 돌아다닌 것이 너희들에게 충분하다. 너희는 이제 너희를 위해 북쪽으로 발길을 돌려라"(원문직역)

신명기 2장은 38년 동안 광야의 여정을 기록하고 있습니다.

이스라엘 백성들로 38년 동안 광야 생활을 하게 하신 하나님께서는?

첫째, 연단하시는 분입니다.

"우리가 방향을 돌려 여호와께서 내게 명령하신 대로 홍해 길로 광야에 들어가서 여러 날 동안 세일 산을 두루 다녔더니 여호와께서 내게 말씀하여 이르시되 너희가 이 산을 두루 다닌 지 오래니 돌이켜 북으로 나아가라"(신 2:1~3)

둘째, 분량과 한계를 정해 주시는 분입니다.(신 2:4~23)

"너는 또 백성에게 명령하여 이르기를 너희는 세일에 거주하는 너희 동족 에서의 자손이 사는 지역으로 지날진대 그들이 너희를 두려워하리니 너희는 스스로 깊이 삼가고 그들과 다투지 말라 그들의 땅은 한 발자국도 너희에게 주지 아니하리니 이는 내가 세일 산을 에서에게 기업으로 주었음이라"(신 2:4~5)

"여호와께서 내게 이르시되 모압을 괴롭히지 말라 그와 싸우지도 말라 그 땅을 내가 네게 기업으로 주지 아니하리니 이는 내가 롯 자손에게 아르를 기업으로 주었음이라"(신 2:9)

"암몬 족속에게 가까이 이르거든 그들을 괴롭히지 말고 그들과 다투지도 말라 암몬 족속의 땅은 내가 네게 기업으로 주지 아니하리니 이는 내가 그것을 롯 자손에

게 기업으로 주었음이라"(신 2:19)

셋째, 동행하시며 복을 주시는 분입니다.

"네 하나님 여호와께서 네가 하는 모든 일에 네게 복을 주시고 네가 이 큰 광야에 두루 다님을 알고 네 하나님 여호와께서 이 사십 년 동안을 너와 함께 하셨으므로 네게 부족함이 없었느니라 하시기로"(신 2:7)

넷째, 징계하시는 분입니다.

"가데스 바네아에서 떠나 세렛 시내를 건너기까지 삼십팔 년 동안이라 이 때에는 그 시대의 모든 군인들이 여호와께서 그들에게 맹세하신 대로 진영 중에서 다 멸망하였나니 여호와께서 손으로 그들을 치사 진영 중에서, 멸하신 고로 마침내는 다 멸망되었느니라 모든 군인이 사망하여 백성 중에서 멸망한 후에"(신 2:14~16)

다섯째, 때가 되면 높이시는 분입니다.

"오늘부터 내가 천하 만민이 너를 무서워하며 너를 두려워하게 하리니 그들이 네 명성을 듣고 떨며 너로 말미암아 근심하리라 하셨느니라"(신 2:25)

여섯째, 심판하시기 위해 강퍅한 마음을 그대로 내어버려두시는 분입니다.,

"헤스본 왕 시혼이, 우리가 통과하기를 허락하지 아니하였으니 이는 네 하나님 여호와께서 그를 네 손에 넘기시려고 그의 성품을 완강하게 하셨고 그의 마음을 완고하게 하셨음이 오늘날과 같으니라"(신 2:30)

일곱째, 승리하게 하시는 분입니다.(신 2:31~37)

"우리 하나님 여호와께서 그를 우리에게 넘기시매 우리가 그와 그의 아들들과 그의 모든 백성을 쳤고 그 때에 우리가 그의 모든 성읍을 점령하고 그의 각 성읍을 그 남녀와 유아와 함께 하나도 남기지 아니하고 진멸하였고"(신 2:33~34)

광야와 같은 이 세상에서 나그네와 행인 같은 삶을 사는 그리스도인의 위치는 하나님 말씀에 순종하는 위치입니다.

그러므로 성삼위 하나님의 은혜로 하나님 말씀에 순종하며 하나님을 영화롭게 하는 우리 모두가 되기를 기도합니다.

신명기 3장 2절

"여호와께서 내게 이르시되 그를 두려워하지 말라 내가 그와 그의 모든 백성과 그의 땅을 네 손에 넘겼으니 네가 헤스본에 거주하던 아모리 족속의 왕시혼에게 행한 것과 같이 그에게도 행할 것이니라 하시고"(개역개정판)

"그리고 여호와께서 내게 말씀하셨다. 너는 그를 두려워말라. 왜냐하면 네 손에 내가 그와 그의 모든 백성과 그리고 그의 땅을 주었기 때문이다. 그리고 네가 헤스본에 거하던 그 아모리 족속의 왕 시혼에게 행한 것 같이 그에게 행하라"(원문직역)

신명기 3장은 이스라엘 백성들이 요단강 서쪽에 있는 가나안 땅을 정복하기 전 요단강 동편 땅을 정복한 여정의 말씀입니다.

요단강 동편 땅을 점령케 하시는 하나님께서는?

첫째, 영적 전쟁에서 승리하게 하시는 분입니다.(신 3:1~17)

"우리가 돌이켜 바산으로 올라가매 바산 왕 옥이 그의 모든 백성을 거느리고 나와서 우리를 대적하여 에드레이에서 싸우고자 하는지라 여호와께서 내게 이르시되 그를 두려워하지 말라 내가 그와 그의 모든 백성과 그의 땅을 네 손에 넘겼으니 네가 헤스본에 거주하던 아모리 족속의 왕 시혼에게 행한 것과 같이 그에게도 행할 것이니라 하시고 우리 하나님 여호와께서 바산 왕 옥과 그의 모든 백성을 우리 손에 넘기시매 우리가 그들을 쳐서 한 사람도 남기지 아니하였느니라"(신 3:1~3)

둘째, 영적 전쟁에 참여하기를 원하시는 분입니다.

"그 때에 내가 너희에게 명령하여 이르기를 너희의 하나님 여호와께서 이 땅을 너희에게 주어 기업이 되게 하셨은즉 너희의 군인들은 무장하고 너희의 형제 이스라엘 자손의 선봉이 되어 건너가되 너희에게 가축이 많은 줄 내가 아노니 너희의 처자와 가축은 내가 너희에게 준 성읍에 머무르게 하라 여호와께서 너희에게 주신 것 같이 너희의 형제에게도 안식을 주시리니 그들도 요단 저쪽에서 너희의 하나님 여호와께서 그들에게 주시는 땅을 받아 기업을 삼기에 이르거든 너희는 각기 내가 준 기업으로 돌아갈 것이니라 하고"(신 3:18~20)

셋째, 왕의 위치에서 백성들을 위해 싸우시는 분입니다.

"그 때에 내가 여호수아에게 명령하여 이르기를 너희의 하나님 여호와께서 이 두 왕에게 행하신 모든 일을 네 눈으로 보았거니와 네가 가는 모든 나라에도 여호와께서 이와 같이 행하시리니 너희는 그들을 두려워하지 말라 너희의 하나님 여호와께서 친히 너희를 위하여 싸우시리라 하였노라"(신 3:21~22)

넷째, 분배적 은혜를 주시는 분입니다.(신 3:23~29)

"여호와께서 너희 때문에 내게 진노하사 내 말을 듣지 아니하시고 내게 이르시기를 그만해도 족하니 이 일로 다시 내게 말하지 말라"(신 3:26)

"이것이 내게서 떠나가게 하기 위하여 내가 세 번 주께 간구하였더니 나에게 이르시기를 내 은혜가 네게 족하도다 이는 내 능력이 약한 데서 온전하여짐이라 하신지라 그러므로 도리어 크게 기뻐함으로 나의 여러 약한 것들에 대하여 자랑하리니 이는 그리스도의 능력이 내게 머물게 하려 함이라"(고후 12:8~9)

그리스도인들은 하나님 나라의 왕이시고 중심되신 예수 그리스도의 다스림을 받으며 영적 전쟁을 치루며 승리하는 사람들입니다.

"우리의 씨름은 혈과 육을 상대하는 것이 아니요 통치자들과 권세들과 이 어둠의 세상 주관자들과 하늘에 있는 악의 영들을 상대함이라 그러므로 하나님의 전신 갑주를 취하라 이는 악한 날에 너희가 능히 대적하고 모든 일을 행한 후에 서기 위함이라 그런즉 서서 진리로 너희 허리 띠를 띠고 의의 호심경을 붙이고 평안의 복음이 준비한 것으로 신을 신고 모든 것 위에 믿음의 방패를 가지고 이로써 능히 악한 자의 모든 불화살을 소멸하고 구원의 투구와 성령의 검 곧 하나님의 말씀을 가지라 모든 기도와 간구를 하되 항상 성령 안에서 기도하고 이를 위하여 깨어 구

하기를 항상 힘쓰며 여러 성도를 위하여 구하라"(엡 6:12~18)

그러므로 성삼위 하나님의 은혜로 영적 전쟁에서 승리하며 하나님을 영화롭게 하는 우리 모두가 되기를 기도합니다.

신명기 4장 1절

"이스라엘아 이제 내가 너희에게 가르치는 규례와 법도를 듣고 준행하라 그리하면 너희가 살 것이요 너희 조상의 하나님 여호와께서 너희에게 주시는 땅에 들어가서 그것을 얻게 되리라"(개역개정판)

"그리고 이제 이스라엘아 너는 내가 너희에게 행하도록 가르치는 규례들과 법도들을 들으라. 그러면 너희가 살 것이다. 그리고 너희가 들어갈 것이다. 그리고 너희의 조상의 하나님 여호와께서 너희에게 주시는 그 땅을 얻을 것이다"(원문직역)

신명기 4장은 가나안 땅에 들어갈 출애굽 2세대들에게 주시는 말씀입니다.

하나님 나라를 유업으로 받은 그리스도인들은?

첫째, 하나님 말씀에 순종하는 사람들입니다.(신 4:1~9)

이스라엘아 이제 내가 너희에게 가르치는 규례와 법도를 듣고 준행하라 그리하면 너희가 살 것이요 너희 조상의 하나님 여호와께서 너희에게 주시는 땅에 들어가서 그것을 얻게 되리라 내가 너희에게 명령하는 말을 너희는 가감하지 말고 내가 너희에게 내리는 너희 하나님 여호와의 명령을 지키라"(신 4:1~2)

둘째, 영원한 도덕법인 십계명을 지키는 사람들입니다.(민 4:10~14)

"여호와께서 그의 언약을 너희에게 반포하시고 너희에게 지키라 명령하셨으니 곧 십계명이며 두 돌판에 친히 쓰신 것이라 그 때에 여호와께서 내게 명령하사 너희에게 규례와 법도를 교훈하게 하셨나니 이는 너희가 거기로 건너가 받을 땅에서 행하게 하려 하심이니라"(신 4:13~14)

셋째, 우상숭배 하지 않는 사람들입니다.(신 4:15~26)

"여호와께서 호렙 산 불길 중에서 너희에게 말씀하시던 날에 너희가 어떤 형상도 보지 못하였은즉 너희는 깊이 삼가라 그리하여 스스로 부패하여 자기를 위해 어떤 형상대로든지 우상을 새겨 만들지 말라 남자의 형상이든지, 여자의 형상이든지, 땅 위에 있는어떤 짐승의 형상이든지, 하늘을 나는 날개 가진 어떤 새의 형상이든지, 땅 위에 기는 어떤 곤충의 형상이든지, 땅 아래 물 속에 있는 어떤 어족의 형상이든지 만들지 말라"(신 4:15~18)

넷째, 성도의 견인의 은총가운데 사는 사람들입니다.(신 4:27~31)

"네 하나님 여호와는 자비하신 하나님이심이라 그가 너를 버리지 아니하시며 너를 멸하지 아니하시며 네 조상들에게 맹세하신 언약을 잊지 아니하시리라"(신 4:31)

다섯째, 여호와만이 하나님이심을 믿는 사람들입니다.(신 4:32~40)

"이것을 네게 나타내심은 여호와는 하나님이시요 그 외에는 다른 신이 없음을 네게 알게 하려 하심이니라"(신 4:35)

여섯째, 예수 그리스도의 품 안에서 사는 사람들입니다.(신 4:41~43)

"그 때에 모세가 요단 이쪽 해 돋는 쪽에서 세 성읍을 구별하였으니 이는 과거에 원한이 없이 부지중에 살인한 자가 그 곳으로 도피하게 하기 위함이며 그 중 한 성읍으로 도피한 자가 그의 생명을 보전하게 하기 위함이라"(신 4:41~42)

하나님 나라를 유업으로 받은 그리스도인들은 예수 그리스도의 품 안에서 하나님 말씀에 순종하는 사람들입니다.

그러므로 성삼위 하나님의 은혜로 하나님 말씀에 순종하며 하나님을 영화롭게 하는 우리 모두가 되기를 기도합니다.

신명기 5장 29절

"다만 그들이 항상 이같은 마음을 품어 나를 경외하며 내 모든 명령을 지켜서 그들과 그 자손이 영원히 복 받기를 원하노라"(개역개정판)

"누가 주겠느냐? 그리고 그들의 마음이 이렇게 그들에게 있어서 나를 경외하고 그리고 모든 날 동안 내 명령을 지키면 그리하면 그들과 그들의 아들들도 영원히 좋게 하려 함이라"(원문직역)

신명기 5장은 출애굽 2세대들에게 율법의 핵심인 십계명을 가르치는 말씀입니다.

아브라함을 믿음의 조상으로 둔 모든 그리스도인은 언약 백성입니다.

"모세가 온 이스라엘을 불러 그들에게 이르되 이스라엘아 오늘 내가 너희의 귀에 말하는 규례와 법도를 듣고 그것을 배우며 지켜 행하라 우리 하나님 여호와께서 호렙 산에서 우리와 언약을 세우셨나니 이 언약은 여호와께서 우리 조상들과 세우신 것이 아니요 오늘 여기 살아 있는 우리 곧 우리와 세우신 것이라"(신 5:2~3)

예수 그리스도를 믿음으로 구원 받고 언약 백성의 위치에서 사는 모든 그리스도인은?

첫째, 영원한 도덕법인 십계명에 순종하며 살아야 합니다.(신 5:4~22)

"나는 너를 애굽 땅, 종 되었던 집에서 인도하여 낸 네 하나님 여호와라 나 외에는 다른 신들을 네게 두지 말지니라"(신 5:6~7)

"예수께서 이르시되 네 마음을 다하고 목숨을 다하고 뜻을 다하여 주 너의 하나님을 사랑하라 하셨으니 이것이 크고 첫째 되는 계명이요 둘째도 그와 같으니 네 이웃을 네 자신 같이 사랑하라 하셨으니 이 두 계명이 온 율법과 선지자의 강령이니라"(마 22:37~40)

둘째, 유일한 중보자인 예수 그리스도의 품 안에서 살아야 합니다.(신 5:23~28)

"이제 우리가 죽을 까닭이 무엇이니이까 이 큰 불이 우리를 삼킬 것이요 만일 우리가 우리 하나님 여호와의 음성을 다시 들으면 죽을 것이라 육신을 가진 자로서 우리처럼 살아 계시는 하나님의 음성이 불 가운데에서 발함을 듣고 생존한 자가 누구니이까 당신은 가까이 나아가서 우리 하나님 여호와께서 하시는 말씀을 다 듣고 우리 하나님 여호와께서 당신에게 이르시는 것을 다 우리에게 전하소서 우리가 듣고 행하겠나이다 하였느니라"(신 5:25~27)

하나님께서 그리스도인들에게 예수 그리스도의 품 안에서 십계명에 순종하게 하시는 이유는 복 주시기 위함입니다.(신 5:29~33)

"다만 그들이 항상 이같은 마음을 품어 나를 경외하며 내 모든 명령을 지켜서 그들과 그 자손이 영원히 복 받기를 원하노라"(신 5:29)

"너희 하나님 여호와께서 너희에게 명령하신 모든 도를 행하라 그리하면 너희가 살 것이요 복이 너희에게 있을 것이며 너희가 차지한 땅에서 너희의 날이 길리라"(신 5:33)

그러므로 성삼위 하나님의 은혜로 십계명에 순종하며 하나님을 영화롭게 하는 우리 모두가 되기를 기도합니다.

신명기 6장 24절

"여호와께서 우리에게 이 모든 규례를 지키라 명령하셨으니 이는 우리가 우리 하나님 여호와를 경외하여 항상 복을 누리게 하기 위하심이며 또 여호와께서 우리를 오늘과 같이 살게 하려 하심이라"(개역개정판)

"그리고 여호와께서 우리에게 명령하셨다. 이 모든 규례들을 지키고 우리 하나님 여호와를 경외하도록(이는) 모든 날 동안 우리가 잘되게 하시고 오늘날 같이 우리를 살게 하려 하심이라"(원문직역)

신명기 6장은 하나님께서 모세를 가지시고 이스라엘 백성들에게 주시는 말씀입니다.

모든 그리스도인들은?

첫째, 하나님 말씀에 순종해야 합니다.

"이는 곧 너희의 하나님 여호와께서 너희에게 가르치라고 명하신 명령과 규례와 법도라 너희가 건너가서 차지할 땅에서 행할 것이니 곧 너와 네 아들과 네 손자들이 평생에 네 하나님 여호와를 경외하며 내가 너희에게 명한 그 모든 규례와 명령을 지키게 하기 위한 것이며 또 네 날을 장구하게 하기 위한 것이라 이스라엘아 듣고 삼가 그것을 행하라 그리하면 네가 복을 받고 네 조상들의 하나님 여호와께서 네게 허락하심 같이 젖과 꿀이 흐르는 땅에서 네가 크게 번성하리라"(신 6:1~3)

둘째, 하나님을 사랑해야 합니다.

"이스라엘아 들으라 우리 하나님 여호와는 오직 유일한 여호와이시니 너는 마음을 다하고 뜻을 다하고 힘을 다하여 네 하나님 여호와를 사랑하라"(신 6:4~5)

셋째, 말씀을 따라 살아야 합니다.

"오늘 내가 네게 명하는 이 말씀을 너는 마음에 새기고 네 자녀에게 부지런히 가르치며 집에 앉았을 때에든지 길을 갈 때에든지 누워 있을 때에든지 일어날 때에든지 이 말씀을 강론할 것이며 너는 또 그것을 네 손목에 매어 기호를 삼으며 네 미간에 붙여 표로 삼고 또 네 집 문설주와 바깥 문에 기록할지니라"(신 6:6~9)

넷째, 하나님의 이름을 높이며 살아야 합니다.(신 6:10~13)

"너는 조심하여 너를 애굽 땅 종 되었던 집에서 인도하여 내신 여호와를 잊지 말고 네 하나님 여호와를 경외하며 그를 섬기며 그의 이름으로 맹세할 것이니라"(신 6:12~13)

다섯째, 우상 숭배하지 말아야 합니다.

"너희는 다른 신들 곧 네 사면에 있는 백성의 신들을 따르지 말라 너희 중에 계신 너희의 하나님 여호와는 질투하시는 하나님이신즉 너희의 하나님 여호와께서 네게 진노하사 너를 지면에서 멸절시키실까 두려워하노라"(신 6:14~15)

여섯째, 하나님을 시험하지 말아야 합니다.(신 6:16~19)

"너희가 맛사에서 시험한 것 같이 너희의 하나님 여호와를 시험하지 말고"(신 6:16)

그리스도인들이 이렇게 살아야 하는 이유는?

첫째, 예수 그리스도의 대속 사역으로 구원 받았기 때문입니다.

"너는 네 아들에게 이르기를 우리가 옛적에 애굽에서 바로의 종이 되었더니 여호와께서 권능의 손으로 우리를 애굽에서 인도하여 내셨나니 곧 여호와께서 우리의 목전에서 크고 두려운 이적과 기사를 애굽과 바로와 그의 온 집에 베푸시고"(신 6:21~22)

둘째, 하나님 나라를 유업으로 받았기 때문입니다.

“우리 조상들에게 맹세하신 땅을 우리에게 주어 들어가게 하시려고 우리를 거기서 인도하여 내시고”(신 6:23)

셋째, 영생의 복을 받았기 때문입니다.

“여호와께서 우리에게 이 모든 규례를 지키라 명령하셨으니 이는 우리가 우리 하나님 여호와를 경외하여 항상 복을 누리게 하기 위하심이며 또 여호와께서 우리를 오늘과 같이 살게 하려 하심이라”(신 6:24)

넷째, 성화의 은총가운데 살게 하셨기 때문입니다.

“우리가 그 명령하신 대로 이 모든 명령을 우리 하나님 여호와 앞에서 삼가 지키면 그것이 곧 우리의 의로움이니라 할지니라”(신 6:25)

그리스도인들은 하나님 말씀에 순종하는 사람들입니다.

그러므로 성삼위 하나님의 은혜로 하나님 말씀에 순종하며 하나님을 영화롭게 하는 우리 모두가 되기를 기도합니다.

신명기 7장 1절

"네 하나님 여호와께서 너를 인도하사 네가 가서 차지할 땅으로 들이시고 네 앞에서 여러 민족 헷 족속과 기르가스 족속과 아모리 족속과 가나안 족속과 브리스 족속과 히위 족속과 여부스 족속 곧 너보다 많고 힘이 센 일곱 족속을 쫓아내실 때에"(개역개정판)

"네 하나님 여호와께서 너를 그 땅으로 인도하실 때에 너는 그리고 들어가서 그것을 소유할 것이다. 그리고 네 앞에서 많은 민족들을 쫓아낼 것이다. 헷 족속과 기르가스 족속과 아모리 족속과 가나안 족속과 브리스 족속과 히위 족속과 여부스 족속 일곱 족속을 너보다 많고 강한 자들이다"(원문직역)

신명기 7장은 이스라엘 백성들이 가나안 땅에 입성해서 가나안 칠 족속을 쫓아내야 한다는 말씀입니다.

하나님 나라를 유업으로 받은 그리스도인들은?

첫째, 세상 나라와 영적 전쟁을 치루는 사람들입니다.(신 7:11~5)

"네 하나님 여호와께서 그들을 네게 넘겨 네게 치게 하시리니 그 때에 너는 그들을 진멸할 것이라 그들과 어떤 언약도 하지 말 것이요 그들을 불쌍히 여기지도 말 것이며 또 그들과 혼인하지도 말지니 네 딸을 그들의 아들에게 주지 말 것이요 그들의 딸도 네 며느리로 삼지 말 것은 그가 네 아들을 유혹하여 그가 여호와를 떠나고 다른 신들을 섬기게 하므로 여호와께서 너희에게 진노하사 갑자기 너희를 멸하실 것임이니라 오직 너희가 그들에게 행할 것은 이러하니 그들의 제단을 헐며 주상을 깨뜨리며 아세라 목상을 찍으며 조각한 우상들을 불사를 것이니라"(신 7:2~5)

둘째, 택함받은 하나님의 기업이 된 사람들입니다.

"너는 여호와 네 하나님의 성민이라 네 하나님 여호와께서 지상 만민 중에서 너를 자기 기업의 백성으로 택하셨나니 여호와께서 너희를 기뻐하시고 너희를 택하심은 너희가 다른 민족보다 수효가 많기 때문이 아니니라 너희는 오히려 모든 민족 중에 가장 적으니라"(신 7:6~7)

셋째, 언약 백성들입니다.(신 7:8~12)

"여호와께서 다만 너희를 사랑하심으로 말미암아, 또는 너희의 조상들에게 하신 맹세를 지키려 하심으로 말미암아 자기의 권능의 손으로 너희를 인도하여 내시되 너희를 그 종 되었던 집에서 애굽 왕 바로의 손에서 속량하셨나니 그런즉 너는 알라 오직 네 하나님 여호와는 하나님이시요 신실하신 하나님이시라 그를 사랑하고 그의 계명을 지키는 자에게는 천 대까지 그의 언약을 이행하시며 인애를 베푸시되"(신 7:9~10)

넷째, 영생의 복을 받은 사람들입니다.(신 7:13~15)

"곧 너를 사랑하시고 복을 주사 너를 번성하게 하시되 네게 주리라고 네 조상들에게 맹세하신 땅에서 네 소생에게 은혜를 베푸시며 네 토지 소산과 곡식과 포도주와 기름을 풍성하게 하시고 네 소와 양을 번식하게 하시리니"(신 7:13)

다섯째, 하나님과 동행하는 사람들입니다.(신 7:16~21)

"너는 그들을 두려워하지 말라 너희의 하나님 여호와 곧 크고 두려운 하나님이 너희 중에 계심이니라"(신 7:21)

여섯째, 영적 전쟁에서 승리하는 사람들입니다.

"네 하나님 여호와께서 이 민족들을 네 앞에서 조금씩 쫓아내시리니 너는 그들을 급히 멸하지 말라 들짐승이 번성하여 너를 해할까 하노라 네 하나님 여호와께서 그들을 네게 넘기시고 그들을 크게 혼란하게 하여 마침내 진멸하시고 그들의 왕들을 네 손에 넘기시리니 너는 그들의 이름을 천하에서 제하여 버리라 너를 당할 자가 없이 네가 마침내 그들을 진멸하리라"(신 7:22~24)

일곱째, 우상 숭배하지 않는 사람들입니다.

> "너는 그들이 조각한 신상들을 불사르고 그것에 입힌 은이나 금을 탐내지 말며 취하지 말라 네가 그것으로 말미암아 올무에 걸릴까 하노니 이는 네 하나님 여호와께서 가증히 여기시는 것임이니라 너는 가증한 것을 네 집에 들이지 말라 너도 그것과 같이 진멸 당할까 하노라 너는 그것을 멀리하며 심히 미워하라 그것은 진멸 당할 것임이니라"(신 7:25~26)

그리스도인들은 율법의 낯선 여인과 같은 육체의 소욕과 세상의 풍습과 거짓 교리와 사단과 날마다 영적 전쟁을 치루며 승리하는 사람들입니다.

그러므로 성삼위 하나님의 은혜로 영적 전쟁에서 승리하며 하나님을 영화롭게 하는 우리 모두가 되기를 기도합니다.

신명기 8장 1절

"내가 오늘 명하는 모든 명령을 너희는 지켜 행하라 그리하면 너희가 살고 번성하고 여호와께서 너희의 조상들에게 맹세하신 땅에 들어가서 그것을 차지하리라"(개역개정판)

"내가 오늘 네게 명령하는 모든 명령들을 너희들은 지켜 행하라. 그리하면 너희가 살 것이다. 그리고 너희는 많아질 것이다. 그리고 너희는 여호와께서 너희 아버지들에게 맹세하신 그 땅을 소유할 것이다"(원문직역)

신명기 8장은 출애굽 2세대들이 가나안 땅에 들어가서 반드시 하나님 말씀에 순종할 것을 가르치는 말씀입니다.

그리스도인들이 하나님 말씀에 순종해야 하는 이유는?

첫째, 연약하기 때문입니다.

"네 하나님 여호와께서 이 사십 년 동안에 네게 광야 길을 걷게 하신 것을 기억하라 이는 너를 낮추시며 너를 시험하사 네 마음이 어떠한지 그 명령을 지키는지 지키지 않는지 알려 하심이라"(신 8:2)

둘째, 하나님의 명령으로 사는 것을 알게 하기 위함입니다.

"너를 낮추시며 너를 주리게 하시며 또 너도 알지 못하며 네 조상들도 알지 못하던 만나를 네게 먹이신 것은 사람이 떡으로만 사는 것이 아니요 여호와의 입에서 나오는 모든 말씀으로 사는 줄을 네가 알게 하려 하심이니라"(신 8:3)

셋째, 은혜를 베푸시기 때문입니다.

"이 사십 년 동안에 네 의복이 해어지지 아니하였고 네 발이 부르트지 아니하였느니라"(신 8:4)

넷째, 하나님께서 부성적 사랑으로 양육하시기 때문입니다.

"너는 사람이 그 아들을 징계함 같이 네 하나님 여호와께서 너를 징계하시는 줄 마음에 생각하고 네 하나님 여호와의 명령을 지켜 그의 길을 따라가며 그를 경외할지니라"(신 8:5~6)

다섯째, 하나님 나라를 유업으로 주시기 때문입니다.

"네 하나님 여호와께서 너를 아름다운 땅에 이르게 하시나니 그 곳은 골짜기든지 산지든지 시내와 분천과 샘이 흐르고 밀과 보리의 소산지요 포도와 무화과와석류와 감람나무와 꿀의 소산지라 네가 먹을 것에 모자람이 없고 네게 아무 부족함이 없는 땅이며 그 땅의 돌은 철이요 산에서는 동을 캘 것이라 네가 먹어서 배부르고 네 하나님 여호와께서 옥토를 네게 주셨음으로 말미암아 그를 찬송하리라"(신 8:7~10)

여섯째, 하나님 말씀을 잊어버리기 때문입니다.

"내가 오늘 네게 명하는 여호와의 명령과 법도와 규례를 지키지 아니하고 네 하나님 여호와를 잊어버리지 않도록 삼갈지어다"(신 8:11)

일곱째, 교만하기 때문입니다.(신 8:12~18)

"네 마음이 교만하여 네 하나님 여호와를 잊어버릴까 염려하노라 여호와는 너를 애굽 땅 종 되었던 집에서 이끌어 내시고"(신 8:14)

"그러나 네가 마음에 이르기를 내 능력과 내 손의 힘으로 내가 이 재물을 얻었다 말할 것이라 네 하나님 여호와를 기억하라 그가 네게 재물 얻을 능력을 주셨음이라 이같이 하심은 네 조상들에게 맹세하신 언약을 오늘과 같이 이루려 하심이니라"(신 8:17~18)

여덟째, 우상 숭배로 멸망치 않게 하기 위함입니다.

"네가 만일 네 하나님 여호와를 잊어버리고 다른 신들을 따라 그들을 섬기며 그들에게 절하면 내가 너희에게 증거하노니 너희가 반드시 멸망할 것이라 여호와께서 너희 앞에서 멸망시키신 민족들 같이 너희도 멸망하리니 이는 너희가 너희의 하나님 여호와의 소리를 청종하지 아니함이니라"(신 8:19~20)

하나님 말씀은 그리스도인들에게 주시는 은혜의 방편입니다.

그러므로 성삼위 하나님의 은혜로 말씀에 순종하며 하나님을 영화롭게 하는 우리 모두가 되기를 기도합니다.

신명기 9장 5절

"네가 가서 그 땅을 차지함은 네 공의로 말미암음도 아니며 네 마음이 정직함으로 말미암음도 아니요 이 민족들이 악함으로 말미암아 네 하나님 여호와께서 그들을 네 앞에서 쫓아내심이라 여호와께서 이같이 하심은 네 조상 아브라함과 이삭과 야곱에게 하신 맹세를 이루려 하심이니라"(개역개정판)

"네 의로움과 네 마음의 올바름 때문에 네가 들어가서 그 땅을 소유하는 것이 아니다. 이는 이 민족의 악함 때문에 네 하나님 여호와께서 그들을 네 앞에서 쫓아내셨다. 그리고 여호와께서 네 아버지들인 아브라함과 이삭과 야곱에게 맹세하신 그 말씀을 이루려 하심이라"(원문직역)

신명기 9장은 광야 생활의 여정에서 드러난 하나님의 선하심과 이스라엘 백성들의 악함을 가르치고 있습니다.

모든 그리스도인들은 구원 받을만한 의로움과 하나님 나라를 유업으로 받을만한 선함도 없습니다.

"네 하나님 여호와께서 그들을 네 앞에서 쫓아내신 후에 네가 심중에 이르기를 내 공의로움으로 말미암아 여호와께서 나를 이 땅으로 인도하여 들여서 그것을 차지하게 하셨다 하지 말라 이 민족들이 악함으로 말미암아 여호와께서 그들을 네 앞에서 쫓아내심이니라 네가 가서 그 땅을 차지함은 네 공의로 말미암음도 아니며 네 마음이 정직함으로 말미암음도 아니요 이 민족들이 악함으로 말미암아 네 하나님 여호와께서 그들을 네 앞에서 쫓아내심이라"(신 9:4~5상)

"그러므로 네가 알 것은 네 하나님 여호와께서 네게 이 아름다운 땅을 기업으로 주신 것이 네 공의로 말미암음이 아니니라 너는 목이 곧은 백성이니라"(신 9:6)

"사십 주 사십 야를 지난 후에 여호와께서 내게 돌판 곧 언약의 두 돌판을 주시고 내게 이르시되 일어나 여기서 속히 내려가라 네가 애굽에서 인도하여 낸 네 백성이스스로 부패하여 내가 그들에게 명령한 도를 속히 떠나자기를 위하여 우상을 부어 만들었느니라"(신 9:11~12)

"너희가 다베라와 맛사와 기브롯 핫다아와에서도 여호와를 격노하게 하였느니라 여호와께서 너희를 가데스 바네아에서 떠나게 하실 때에 이르시기를 너희는 올라가서 내가 너희에게 준 땅을 차지하라 하시되 너희가 너희의 하나님 여호와의 명령을 거역하여 믿지 아니하고 그 말씀을 듣지 아니하였나니 내가 너희를 알던 날부터 너희가 항상 여호와를 거역하여 왔느니라"(신 9:22~24)

그리스도인들이 구원받고 하나님 나라를 유업으로 받는 이유는?

첫째, 하나님의 신실한 은혜언약 때문입니다.

"여호와께서 이같이 하심은 네 조상 아브라함과 이삭과 야곱에게 하신 맹세를 이루려 하심이니라"(신 9:5하)

둘째, 유일한 중보자인 예수 그리스도 때문입니다.

"그 때에 여호와께서 너희를 멸하겠다 하셨으므로 내가 여전히 사십 주 사십 야를 여호와 앞에 엎드리고 여호와께 간구하여 이르되 주 여호와여 주께서 큰 위엄으로 속량하시고 강한 손으로 애굽에서 인도하여 내신 주의 백성 곧 주의 기업을 멸하지 마옵소서 주의 종 아브라함과 이삭과 야곱을 생각하사 이 백성의 완악함과 악과 죄를 보지 마옵소서 주께서 우리를 인도하여 내신 그 땅 백성이 말하기를 여호와께서 그들에게 허락하신 땅으로 그들을 인도하여 들일 만한 능력도 없고 그들을 미워하기도 하사 광야에서 죽이려고 인도하여 내셨다 할까 두려워하나이다 그들은 주의 큰 능력과 펴신 팔로 인도하여 내신 주의 백성 곧 주의 기업이로소이다 하였노라"(신 9:25~29)

그리스도인들은 하나님 앞에 내세울만한 어떠한 의와 선도 없습니다.

"그 날에 많은 사람이 나더러 이르되 주여 주여 우리가 주의 이름으로 선지자 노릇

하며 주의 이름으로 귀신을 쫓아 내며 주의 이름으로 많은 권능을 행하지 아니하였나이까 하리니 그 때에 내가 그들에게 밝히 말하되 내가 너희를 도무지 알지 못하니 불법을 행하는 자들아 내게서 떠나가라 하리라"(마 7:22~23)

오직 삼위일체 하나님과 예수 그리스도를 높힐 뿐입니다.

"내가 또 들으니 하늘 위에와 땅 위에와 땅 아래와 바다 위에와 또 그 가운데 모든 피조물이 이르되 보좌에 앉으신 이와 어린 양에게 찬송과 존귀와 영광과 권능을 세세토록 돌릴지어다 하니 네 생물이 이르되 아멘 하고 장로들은 엎드려 경배하더라"(계 5:13~14)

그리스도인들의 바른 위치는 겸손과 순종의 위치입니다.

그러므로 성삼위 하나님의 은혜로 겸손과 순종의 위치에서 살아가며 하나님을 영화롭게 하는 우리 모두가 되기를 기도합니다.

신명기 10장 17절

"너희의 하나님 여호와는 신 가운데 신이시며 주 가운데 주시요 크고 능하시며 두려우신 하나님이시라 사람을 외모로 보지 아니하시며 뇌물을 받지 아니하시고"(개역개정판)

"왜냐하면 너희 하나님 여호와 그분은 신 중의 신이시고 주 중의 주이시기 때문이다. 그분은 그 크시고 그 능력과 그 두려우신 하나님이시다. 사람을 외모로 보지 않으시고 뇌물을 취하지 않는 분이시다"(원문직역)

신명기 10장은 십계명을 다시 주시는 하나님의 긍휼과 하나님의 긍휼가운데 사는 이스라엘 백성들이 행해야 하는 의무와 책임에 대한 말씀입니다.

십계명을 다시 주시는 하나님께서는?

첫째, 언약을 신실하게 이행하시는 분입니다.(신 10:1~5)

"여호와께서 그 총회 날에 산 위 불 가운데에서 너희에게 이르신 십계명을 처음과 같이 그 판에 쓰시고 그것을 내게 주시기로 내가 돌이켜 산에서 내려와서 여호와께서 내게 명령하신 대로 그 판을 내가 만든 궤에 넣었더니 지금까지 있느니라"(신 10:4~5)

"애굽에 내려간 네 조상들이 겨우 칠십 인이었으나 이제는 네 하나님 여호와께서 너를 하늘의 별 같이 많게 하셨느니라"(신 10:22)

"내가 네게 큰 복을 주고 네 씨가 크게 번성하여 하늘의 별과 같고 바닷가의 모래와 같게 하리니 네 씨가 그 대적의 성문을 차지하리라"(창 22:17)

둘째, 교회의 사역자들을 세우시는 분입니다.(신 10:6~10)

“그 때에 여호와께서 레위 지파를 구별하여 여호와의 언약 궤를 메게 하며 여호와 앞에 서서 그를 섬기며 또 여호와의 이름으로 축복하게 하셨으니 그 일은 오늘까지 이르느니라 그러므로 레위는 그의 형제 중에 분깃이 없으며 기업이 없고 네 하나님 여호와께서 그에게 말씀하심 같이 여호와가 그의 기업이시니라)”(신 10:8~9)

셋째, 유일한 중보자인 예수 그리스도 때문에 긍휼을 베푸시는 분입니다.

“내가 처음과 같이 사십 주 사십 야를 산에 머물렀고 그 때에도 여호와께서 내 말을 들으사 너를 참아 멸하지 아니하시고”(신 10:10)

넷째, 하나님 나라를 유업으로 주시는 분입니다.

“여호와께서 내게 이르시되 일어나서 백성보다 먼저 길을 떠나라 내가 그들에게 주리라고 그들의 조상들에게 맹세한 땅에 그들이 들어가서 그것을 차지하리라 하셨느니라”(신 10:11)

다섯째, 천지의 대 주재이신 분입니다.

“하늘과 모든 하늘의 하늘과 땅과 그 위의 만물은 본래 네 하나님 여호와께 속한 것이로되”(신 10:14)

여섯째, 작정하시고 예정하시는 분입니다.

“여호와께서 오직 네 조상들을 기뻐하시고 그들을 사랑하사 그들의 후손인 너희를 만민 중에서 택하셨음이 오늘과 같으니라”(신 10:15)

일곱째, 만 왕의 왕이시고 만 주의 주이신 분입니다.

“너희의 하나님 여호와는 신 가운데 신이시며 주 가운데 주시요 크고 능하시며 두려우신 하나님이시라 사람을 외모로 보지 아니하시며 뇌물을 받지 아니하시고”(신 10:17)

여덟째, 연약한 이들을 돌보시는 분입니다.

"고아와 과부를 위하여 정의를 행하시며 나그네를 사랑하여 그에게 떡과 옷을 주시나니 너희는 나그네를 사랑하라 전에 너희도 애굽 땅에서 나그네 되었음이니라"(신 10:18~19)

아홉째, 전능하신 분입니다.

"그는 네 찬송이시요 네 하나님이시라 네 눈으로 본 이같이 크고 두려운 일을 너를 위하여 행하셨느니라"(신 10:21)

택한 백성들을 버리지 않고 언약의 갱신의 은총을 주시는 하나님 앞에 그리스도인들은 하나님을 경외하고 사랑하고 말씀에 순종하며 받들어 섬겨야 합니다.

"이스라엘아 네 하나님 여호와께서 네게 요구하시는 것이 무엇이냐 곧 네 하나님 여호와를 경외하여 그의 모든 도를 행하고 그를 사랑하며 마음을 다하고 뜻을 다하여 네 하나님 여호와를 섬기고 내가 오늘 네 행복을 위하여 네게 명하는 여호와의 명령과 규례를 지킬 것이 아니냐"(신 10:12~13)

"그러므로 너희는 마음에 할례를 행하고 다시는 목을 곧게 하지 말라"(신 10:16)

"네 하나님 여호와를 경외하여 그를 섬기며 그에게 의지하고 그의 이름으로 맹세하라"(신 10:20)

그러므로 성삼위 하나님의 은혜로 그리스도인의 바른 위치에서 살아가며 하나님을 영화롭게 하는 우리 모두가 되기를 기도합니다.

신명기 11장 1절

"그런즉 네 하나님 여호와를 사랑하여 그가 주신 책무와 법도와 규례와 명령을 항상 지키라"(개역개정판)

"그리고 너는 네 하나님 여호와를 사랑하라. 그리고 너는 그분의 규정과 그분의 규례와 그분의 법도와 그분의 명령을 모든 날 동안 지키라"(원문직역)

신명기 11장은 이스라엘 백성들에게 하나님을 사랑하고 하나님 말씀에 순종할 것을 가르치고 있습니다.

그리스도인들이 하나님을 사랑하고 하나님 말씀에 순종해야 하는 이유는?

첫째, 구원받았기 때문입니다.(신 11:1~7)

"너희의 자녀는 알지도 못하고 보지도 못하였으나 너희가 오늘날 기억할 것은 너희의 하나님 여호와의 교훈과 그의 위엄과 그의 강한 손과 펴신 팔과 애굽에서 그 왕 바로와 그 전국에 행하신 이적과 기사와 또 여호와께서 애굽 군대와 그 말과 그 병거에 행하신 일 곧 그들이 너희를 뒤쫓을 때에 홍해 물로 그들을 덮어 멸하사 오늘까지 이른 것과"(신 11:2~4)

둘째, 하나님 나라를 유업으로 주셨기 때문입니다.(신 11:8~15)

"그러므로 너희는 내가 오늘 너희에게 명하는 모든 명령을 지키라 그리하면 너희가 강성할 것이요 너희가 건너가 차지할 땅에 들어가서 그것을 차지할 것이며 또 여호와께서 너희의 조상들에게 맹세하여 그들과 그들의 후손에게 주리라고 하신 땅 곧 젖과 꿀이 흐르는 땅에서 너희의 날이 장구하리라"(신 11:8~9)

셋째, 배도와 배교로 저주의 삶을 경험하지 않게 하기 위함입니다.

"너희는 스스로 삼가라 두렵건대 마음에 미혹하여 돌이켜 다른 신들을 섬기며 그 것에게 절하므로 여호와께서 너희에게 진노하사 하늘을 닫아 비를 내리지 아니하여 땅이 소산을 내지 않게 하시므로 너희가 여호와께서 주신 아름다운 땅에서 속히 멸망할까 하노라"(신 11:16~17)

"너희가 만일 내가 오늘 너희에게 명령하는 도에서 돌이켜 떠나 너희의 하나님 여호와의 명령을 듣지 아니하고 본래 알지 못하던 다른 신들을 따르면 저주를 받으리라"(신 11:28)

넷째, 하나님 말씀을 주셨기 때문입니다.

"이러므로 너희는 나의 이 말을 너희의 마음과 뜻에 두고 또 그것을 너희의 손목에 매어 기호를 삼고 너희 미간에 붙여 표를 삼으며 또 그것을 너희의 자녀에게 가르치며 집에 앉아 있을 때에든지, 길을 갈 때에든지, 누워 있을 때에든지, 일어날 때에든지 이 말씀을 강론하고 또 네 집 문설주와 바깥 문에 기록하라"(신 11:18~20)

다섯째, 영생의 복을 주셨기 때문입니다.

"그리하면 여호와께서 너희 조상들에게 주리라고 맹세하신 땅에서 너희의 날과 너희의 자녀의 날이 많아서 하늘이 땅을 덮는 날과 같으리라"(신 11:21)

"너희가 만일 내가 오늘 너희에게 명하는 너희의 하나님 여호와의 명령을 들으면 복이 될 것이요"(신 11:27)

그리스도인들은 하나님을 사랑하고 하나님 말씀에 순종하는 사람들입니다.

그러므로 성삼위 하나님의 은혜로 하나님을 사랑하고 말씀에 순종하며 하나님을 영화롭게 하는 우리 모두가 되기를 기도합니다.

신명기 12장 32절

"내가 너희에게 명령하는 이 모든 말을 너희는 지켜 행하고 그것에 가감하지 말지니라"(개역개정판)

"내가 너희에게 명령하는 이 모든 말씀을 너희는 그것을 행하고 너는 그것에 더하거나 그리고 너는 그것에서 빼지 마라"(원문직역)

신명기 12장은 이스라엘 백성들이 가나안 땅에 들어가서 바른 제사를 드리게 하는 규례의 말씀입니다.

하나님 나라를 유업으로 받은 그리스도인들은?

첫째, 하나님 말씀에 순종하는 사람들입니다.

"네 조상의 하나님 여호와께서 네게 주셔서 차지하게 하신 땅에서 너희가 평생에 지켜 행할 규례와 법도는 이러하니라"(신 12:1)

"내가 너희에게 명령하는 이 모든 말을 너희는 지켜 행하고 그것에 가감하지 말지니라"(신 12:32)

둘째, 우상 숭배와 거짓 교리를 따라가지 않는 사람들입니다.

"너희가 쫓아낼 민족들이 그들의 신들을 섬기는 곳은 높은 산이든지 작은 산이든지 푸른 나무 아래든지를 막론하고 그 모든 곳을 너희가 마땅히 파멸하며 그 제단을 헐며 주상을 깨뜨리며 아세라 상을 불사르고 또 그 조각한 신상들을 찍어 그 이름을 그 곳에서 멸하라"(신 12:2~3)

"네 하나님 여호와께서 네가 들어가서 쫓아낼 그 민족들을 네 앞에서 멸절하시고 네가 그 땅을 차지하여 거기에 거주하게 하실 때에 너는 스스로 삼가 네 앞에서 멸망한 그들의 자취를 밟아 올무에 걸리지 말라 또 그들의 신을 탐구하여 이르기를 이 민족들은 그 신들을 어떻게 섬겼는고 나도 그와 같이 하겠다 하지 말라 네 하나님 여호와께는 네가 그와 같이 행하지 못할 것이라 그들은 여호와께서 꺼리시며 가증히 여기시는 일을 그들의 신들에게 행하여 심지어 자기들의 자녀를 불살라 그들의 신들에게 드렸느니라"(신 12:29~31)

셋째, 바른 예배를 드리는 사람들입니다.(신 12:4~14, 26~27)

"너희의 하나님 여호와께는 너희가 그처럼 행하지 말고 오직 너희의 하나님 여호와께서 자기의 이름을 두시려고 너희 모든 지파 중에서 택하신 곳인 그 계실 곳으로 찾아 나아가서 너희의 번제와 너희의 제물과 너희의 십일조와 너희 손의 거제와 너희의 서원제와 낙헌 예물과 너희 소와 양의 처음 난 것들을 너희는 그리로 가져다가 드리고 거기 곧 너희의 하나님 여호와 앞에서 먹고 너희의 하나님 여호와께서 너희의 손으로 수고한 일에 복 주심으로 말미암아 너희와 너희의 가족이 즐거워할지니라 우리가 오늘 여기에서는 각기 소견대로 하였거니와 너희가 거기에서는 그렇게 하지 말지니라"(신 12:4~8)

"아버지께 참되게 예배하는 자들은 영과 진리로 예배할 때가 오나니 곧 이 때라 아버지께서는 자기에게 이렇게 예배하는 자들을 찾으시느니라"(요 4:23)

그리스도인은 하나의 거룩한 공교회에 속한 바른 지교회에 소속 되어 더불어 함께 지어져 가는 지체들과 예수 그리스도의 품 안에서 성령님과 말씀을 따라 예배를 드리는 사람들입니다.

넷째, 예수 그리스도의 보혈과 생명을 소중히 여기는 사람들입니다.(신 12:15~25)

"그러나 네 하나님 여호와께서 네게 주신 복을 따라 각 성에서 네 마음에 원하는 대로 가축을 잡아 그 고기를 먹을 수 있나니 곧 정한 자나 부정한 자를 막론하고 노루나 사슴을 먹는 것 같이 먹으려니와 오직 그 피는 먹지 말고 물 같이 땅에 쏟을 것이며 너는 곡식과 포도주와 기름의 십일조와 네 소와 양의 처음 난 것과 네 서원을 갚는 예물과 네 낙헌 예물과 네 손의 거제물은 네 각 성에서 먹지 말고 오직 네 하나님 여호와께서 택하실 곳에서 네 하나님 여호와 앞에서 너는 네 자녀와 노비와 성중에 거주하는 레위인과 함께 그것을 먹고 또 네 손으로 수고한 모든 일로 말미암아 네 하나님 여호와 앞에서 즐거워하되 너는 삼가 네 땅에 거주하는 동안에 레위인을 저버리지 말지니라"(신 12:15~19)

그리스도인들은 하나님께 바른 예배를 드리는 사람들입니다.

그러므로 성삼위 하나님의 은혜로 바른 예배를 드리며 하나님을 영화롭게 하는 우리 모두가 되기를 기도합니다.

신명기 13장 3절

"너는 그 선지자나 꿈 꾸는 자의 말을 청종하지 말라 이는 너희의 하나님 여호와께서 너희가 마음을 다하고 뜻을 다하여 너희의 하나님 여호와를 사랑하는 여부를 알려 하사 너희를 시험하심이니라"(개역개정판)

"너는 그 선지자나 그 꿈꾸는 자의 말들을 듣지 말라. 왜냐하면 너희 하나님 여호와께서 너희 모든 마음과 너희 모든 목숨으로 너희 하나님 여호와를 너희가 사랑하고 있는지 아시려고 너희를 시험하시는 것이기 때문이다"(원문직역)

신명기 13장은 거짓 교리의 위험성에 대한 말씀입니다.

하나님 나라를 유업으로 받은 그리스도인들은?

첫째, 거짓 선지자의 거짓 교리를 따르지 말아야 합니다.(신 13:1~6)

"너희 중에 선지자나 꿈 꾸는 자가 일어나서 이적과 기사를 네게 보이고 그가 네게 말한 그 이적과 기사가 이루어지고 너희가 알지 못하던 다른 신들을 우리가 따라 섬기자고 말할지라도 너는 그 선지자나 꿈 꾸는 자의 말을 청종하지 말라 이는 너희의 하나님 여호와께서 너희가 마음을 다하고 뜻을 다하여 너희의 하나님 여호와를 사랑하는 여부를 알려 하사 너희를 시험하심이니라"(신 13:1~3)

둘째, 거짓 교리를 가지고 있는 가족과 지인들의 거짓 교리를 따르지 말아야 합니다.(신 13:6~11)

"네 어머니의 아들 곧 네 형제나 네 자녀나 네 품의 아내나 너와 생명을 함께 하는 친구가 가만히 너를 꾀어 이르기를 너와 네 조상들이 알지 못하던 다른 신들 곧

> 네 사방을 둘러싸고 있는 민족 혹 네게서 가깝든지 네게서 멀든지 땅 이 끝에서 저 끝까지에 있는 민족의 신들을 우리가 가서 섬기자 할지라도 너는 그를 따르지 말며 듣지 말며 긍휼히 여기지 말며 애석히 여기지 말며 덮어 숨기지 말고 너는 용서 없이 그를 죽이되 죽일 때에 네가 먼저 그에게 손을 대고 후에 뭇 백성이 손을 대라"(신 13:6~9)

셋째, 악한 자의 거짓 교리를 따르지 말아야 합니다.(신 13:12~17)

> "네 하나님 여호와께서 네게 주어 거주하게 하시는 한 성읍에 대하여 네게 소문이 들리기를 너희 가운데서 어떤 불량배가 일어나서 그 성읍 주민을 유혹하여 이르기를 너희가 알지 못하던 다른 신들을 우리가 가서 섬기자 한다 하거든 너는 자세히 묻고 살펴 보아서 이런 가증한 일이 너희 가운데에 있다는 것이 확실한 사실로 드러나면 너는 마땅히 그 성읍 주민을 칼날로 죽이고 그 성읍과 그 가운데에 거주하는 모든 것과 그 가축을 칼날로 진멸하고"(신 13:12~15)

교리 없는 사람들이 없습니다. 어린이들도 자기 교리가 있습니다. 세상에 살고 있는 모든 사람들은 자신들의 고유한 가치관인 교리를 가지고 있습니다.

하나님께서 하나님 나라 자녀들에게 역사적으로 검증된 "Common sense"(공유적 감각, 상식)인 바른 교리는 "Jus Divinum"(유스 디비눔) 입니다.

"Jus Divinum"은 신적 권위와 신적 규례와 하나님의 법입니다.

"Jus Divinum"은 역사적으로 검증되고 관원이 동원되어 공적으로 선포된 사도 신조와 니케아 신조와 칼케톤 신조와 아타나시우스 신조와 16세기와 17세기의 표준 문서에 근거한 바른 교리입니다.

그리고 바른 교리에 근거한 바른 예배법입니다.

그리고 바른 교리에 근거한 바른 교회 질서(법, 정치) 입니다.

그리스도인은 “Common Sense”인 “Jus Divinum”을 울타리로 삼아 성경 속으로 들어가 바른 교리를 형성하고 바른 교리를 따라 사는 사람들입니다.

“Jus Divinum”의 교리(가르침)와 성경의 교리(가르침)는 결코 상충되지 않습니다.

율례와 법도와 규례와 계명을 따라 사는 말씀과 하나님 말씀을 따라 사는 말씀과 바른 교리를 따라 사는 말씀은 동의어입니다.

그러므로 성삼위 하나님의 은혜로 바른 교리를 따라 살아가며 하나님을 영화롭게 하는 우리 모두가 되기를 기도합니다.

신명기 14장 1절

"너희는 너희 하나님 여호와의 자녀이니 죽은 자를 위하여 자기 몸을 베지 말며 눈썹 사이 이마 위의 털을 밀지 말라"(개역개정판)

"너희는 너희 하나님 여호와의 아들들이다. 너희는 자신의 몸을 베지 말라 그리고 죽은 자를 위해 눈들 사이의 털을 밀지 마라"(원문직역)

신명기 14장은 세상 사람들과 구별된 삶을 가르칩니다.

그리스도인들은 세상 사람들과 구별된 택함 입은 하나님 나라 백성들입니다.

"너는 네 하나님 여호와의 성민이라 여호와께서 지상 만민 중에서 너를 택하여 자기 기업의 백성으로 삼으셨느니라"(신 14:2)

"너희는 너희의 하나님 여호와의 성민이라 스스로 죽은 모든 것은 먹지 말 것이나 그것을 성중에 거류하는 객에게 주어 먹게 하거나 이방인에게 파는 것은 가하니라 너는 염소 새끼를 그 어미의 젖에 삶지 말지니라"(신 14:21)

하나님의 자녀들인 그리스도인들은?

첫째, 세상 풍습을 따라가는 사람들이 아닙니다.

"너희는 너희 하나님 여호와의 자녀이니 죽은 자를 위하여 자기 몸을 베지 말며 눈썹 사이 이마 위의 털을 밀지 말라"(신 14:1)

둘째, 세상과 구별된 거룩한 삶을 사는 사람들입니다.(신 14:4~21)

"짐승 중에 굽이 갈라져 쪽발도 되고 새김질도 하는 모든 것은 너희가 먹을 것이니라 다만 새김질을 하거나 굽이 갈라진 짐승 중에도 너희가 먹지 못할 것은 이것이니 곧 낙타와 토끼와 사반, 그것들은 새김질은 하나 굽이 갈라지지 아니하였으니 너희에게 부정하고 돼지는 굽은 갈라졌으나 새김질을 못하므로 너희에게 부정하니 너희는 이런 것의 고기를 먹지 말 것이며 그 사체도 만지지 말 것이니라 물에 있는 모든 것 중에서 이런 것은 너희가 먹을 것이니 지느러미와 비늘 있는 모든 것은 너희가 먹을 것이요 지느러미와 비늘이 없는 모든 것은 너희가 먹지 말지니 이는 너희에게 부정함이니라 정한 새는 모두 너희가 먹으려니와"(신 14:6~11)

"또 날기도 하고 기어다니기도 하는 것은 너희에게 부정하니 너희는 먹지 말 것이나 정한 새는 모두 너희가 먹을지니라"(신 14:19~20)

셋째, 교회를 받들어 섬기고 세워 나가는 사람들입니다.(신 14:22~29)

"너는 마땅히 매 년 토지 소산의 십일조를 드릴 것이며 네 하나님 여호와 앞 곧 여호와께서 그의 이름을 두시려고 택하신 곳에서 네 곡식과 포도주와 기름의 십일조를 먹으며 또 네 소와 양의 처음 난 것을 먹고 네 하나님 여호와 경외하기를 항상 배울 것이니라"(신 14:22~23)

"네 성읍에 거주하는 레위인은 너희 중에 분깃이나 기업이 없는 자이니 또한 저버리지 말지니라 매 삼 년 끝에 그 해 소산의 십분의 일을 다 내어 네 성읍에 저축하여 너희 중에 분깃이나 기업이 없는 레위인과"(신 14:27~29상)

넷째, 연약한 사람들을 돌보는 사람들입니다.

"네 성중에 거류하는 객과 및 고아와 과부들이 와서 먹고 배부르게 하라 그리하면 네 하나님 여호와께서 네 손으로 하는 범사에 네게 복을 주시리라"(신 14:29하)

그리스도인들은 세상 사람들과 구별된 삶을 사는 사람들입니다.

그러므로 성삼위 하나님의 은혜로 거룩한 삶을 살며 하나님을 영화롭게 하는 우리 모두가 되기를 기도합니다.

신명기 15장 2절

"면제의 규례는 이러하니라 그의 이웃에게 꾸어준 모든 채주는 그것을 면제하고 그의 이웃에게나 그 형제에게 독촉하지 말지니 이는 여호와를 위하여 면제를 선포하였음이라" (개역개정판)

"그리고 이것은 그 면제의 말씀이다. 모든 채주는 그 이웃에게 빌려준 것을 그의 손이 면제하는 것이다. 그는 그 이웃과 그리고 그 형제에게 빚을 독촉하지 말아야 한다. 왜냐하면 여호와의 면제가 선포되었기 때문이다"(원문직역)

신명기 15장은 안식년에 빚을 탕감해주는 규례에 대한 말씀입니다.

안식년은 그리스도인들이 예수 그리스도의 대속 사역 은총으로 영원한 안식을 누리는 것에 대한 모형적 의식법입니다.

예수 그리스도의 대속 사역 은총으로 영원한 안식을 누리는 그리스도인들은?

첫째, 더불어 함께 지어져가는 연약한 지체들을 소중히 여기는 사람들입니다.(신 15:1~18)

"네 하나님 여호와께서 네게 주신 땅 어느 성읍에서든지 가난한 형제가 너와 함께 거주하거든 그 가난한 형제에게 네 마음을 완악하게 하지 말며 네 손을 움켜 쥐지 말고 반드시 네 손을 그에게 펴서 그에게 필요한 대로 쓸 것을 넉넉히 꾸어주라 삼가 너는 마음에 악한 생각을 품지 말라 곧 이르기를 일곱째 해 면제년이 가까이

왔다 하고 네 궁핍한 형제를 악한 눈으로 바라보며 아무것도 주지 아니하면 그가 너를 여호와께 호소하리니 그것이 네게 죄가 되리라 너는 반드시 그에게 줄 것이요, 줄 때에는 아끼는 마음을 품지 말 것이니라 이로 말미암아 네 하나님 여호와께서 네가 하는 모든 일과 네 손이 닿는 모든 일에 네게 복을 주시리라 땅에는 언제든지 가난한 자가 그치지 아니하겠으므로 내가 네게 명령하여 이르노니 너는 반드시 네 땅 안에 네 형제 중 곤란한 자와 궁핍한 자에게 네 손을 펼지니라"(신 15:7~11)

둘째, 예수 그리스도를 먹고 마시는 사람들입니다.

"네 소와 양의 처음 난 수컷은 구별하여 네 하나님 여호와께 드릴 것이니 네 소의 첫 새끼는 부리지 말고 네 양의 첫 새끼의 털은 깎지 말고 너와 네 가족은 매년 여호와께서 택하신 곳 네 하나님 여호와 앞에서 먹을지니라"(신 15:19~20)

그리스도인은 예수 그리스도로 인해 기뻐하고 즐거워하며 생명의 말씀을 공급 받고 성찬의 은총을 누리는 사람들입니다.

셋째, 예수 그리스도의 보혈과 생명을 소중히 여기는 사람들입니다.

"그러나 그 짐승이 흠이 있어서 절거나 눈이 멀었거나 무슨 흠이 있으면 네 하나님 여호와께 잡아 드리지 못할지니 네 성중에서 먹되 부정한 자나 정한 자가 다 같이 먹기를 노루와 사슴을 먹음 같이 할 것이요 오직 피는 먹지 말고 물 같이 땅에 쏟을지니라"(신 15:21~23)

예수 그리스도의 대속 사역 은총으로 영원한 안식을 누리는 그리스도인은 이웃을 내 몸과 같이 사랑하는 사람입니다.

"네 동족 히브리 남자나 히브리 여자가 네게 팔렸다 하자 만일 여섯 해 동안 너를 섬겼거든 일곱째 해에 너는 그를 놓아 자유롭게 할 것이요 그를 놓아 자유하게 할 때에는 빈 손으로 가게 하지 말고 네 양 무리 중에서와 타작 마당에서와 포도주 틀에서 그에게 후히 줄지니 곧 네 하나님 여호와께서 네게 복을 주신 대로 그에게 줄지니라 너는 애굽 땅에서 종 되었던 것과 네 하나님 여호와께서 너를 속

량하셨음을 기억하라 그것으로 말미암아 내가 오늘 이같이 네게 명령하노라"(신 15:12~15)

"둘째도 그와 같으니 네 이웃을 네 자신 같이 사랑하라 하셨으니"(마 22:39)

그러므로 성삼위 하나님의 은혜로 이웃 사랑을 하며 하나님을 영화롭게 하는 우리 모두가 되기를 기도합니다.

신명기 16장 1절

"아빕월을 지켜 네 하나님 여호와께 유월절을 행하라 이는 아빕월에 네 하나님 여호와께서 밤에 너를 애굽에서 인도하여 내셨음이라"(개역개정판)

"그 아빕월을 지키고 너는 네 하나님 여호와의 유월절을 행하라. 왜냐하면 그 아빕월에 네 하나님 여호와께서 애굽으로부터 밤에 너를 이끌어 내셨기 때문이다."(원문직역)

신명기 16장은 이스라엘 백성들이 가나안 땅에서 지켜야 하는 3대 절기와 규례에 대한 말씀입니다.

예수 그리스도의 대속 사역 은총으로 구원 받은 그리스도인들은?

첫째, 예수 그리스도의 대속 사역 은총의 터 위에서 교리적 성결과 도덕적 성결의 삶을 사는 사람들입니다.(신 16:1~8)

"아빕월을 지켜 네 하나님 여호와께 유월절을 행하라 이는 아빕월에 네 하나님 여호와께서 밤에 너를 애굽에서 인도하여 내셨음이라 여호와께서 자기의 이름을 두시려고 택하신 곳에서 소와 양으로 네 하나님 여호와께 유월절 제사를 드리되 유교병을 그것과 함께 먹지 말고 이레 동안은 무교병 곧 고난의 떡을 그것과 함께 먹으라 이는 네가 애굽 땅에서 급히 나왔음이니 이같이 행하여 네 평생에 항상 네가 애굽 땅에서 나온 날을 기억할 것이니라"(신 16:1~3)

둘째, 예수 그리스도의 몸 된 교회의 지체가 되어 교회를 받들어 섬기고 세워 나아가며 지체들과 더불어 함께 지어져가는 사람들입니다.(신 16:9~12)

"네 하나님 여호와 앞에 칠칠절을 지키되 네 하나님 여호와께서 네게 복을 주신 대로 네 힘을 헤아려 자원하는 예물을 드리고 너와 네 자녀와 노비와 네 성중에 있는 레위인과 및 너희 중에 있는 객과 고아와 과부가 함께 네 하나님 여호와께서 자기의 이름을 두시려고 택하신 곳에서 네 하나님 여호와 앞에서 즐거워할지니라"(신 16:10~11)

셋째, 광야와 같은 이 세상에서 지켜주심을 감사하며 영원한 안식을 바라보며 기뻐하고 즐거워하는 사람들입니다.

"너희 타작 마당과 포도주 틀의 소출을 거두어 들인 후에 이레 동안 초막절을 지킬 것이요 절기를 지킬 때에는 너와 네 자녀와 노비와 네 성중에 거주하는 레위인과 객과 고아와 과부가 함께 즐거워하되 네 하나님 여호와께서 택하신 곳에서 너는 이레 동안 네 하나님 여호와 앞에서 절기를 지키고 네 하나님 여호와께서 네 모든 소출과 네 손으로 행한 모든 일에 복 주실 것이니 너는 온전히 즐거워할지니라"(신 16:13~15)

넷째, 예수 그리스도의 품 안에서 감사와 헌신을 드리는 사람들입니다.

"너의 가운데 모든 남자는 일 년에 세 번 곧 무교절과 칠칠절과 초막절에 네 하나님 여호와께서 택하신 곳에서 여호와를 뵈옵되 빈손으로 여호와를 뵈옵지 말고 각 사람이 네 하나님 여호와께서 주신 복을 따라 그 힘대로 드릴지니라"(신 16:16~17)

다섯째, 바르고 정당하게 행하는 사람들입니다.(신 16:18~20)

"너는 마땅히 공의만을 따르라 그리하면 네가 살겠고 네 하나님 여호와께서 네게 주시는 땅을 차지하리라"(신 16:20)

여섯째, 우상 숭배를 하지 않는 사람들입니다.

"네 하나님 여호와를 위하여 쌓은 제단 곁에 어떤 나무로든지 아세라 상을 세우지 말며 자기를 위하여 주상을 세우지 말라 네 하나님 여호와께서 미워하시느니라"(신 16: 21~22)

예수 그리스도의 대속 사역 은총으로 구원받은 그리스도인들은 하나님 말씀에 순종하는 사람들입니다.

그러므로 성삼위 하나님의 은혜로 말씀에 순종하며 하나님을 영화롭게 하는 우리 모두가 되기를 기도합니다.

신명기 17장 1절

"흠이나 악질이 있는 소와 양은 아무것도 네 하나님 여호와께 드리지 말지니 이는 네 하나님 여호와께 가증한 것이 됨이니라"(개역개정판)

"너는 네 하나님 여호와께 흠이나 어떤 병이 있는 소나 양으로 희생제물로 드리지 마라. 왜냐하면 그것은 네 하나님 여호와께 역겨운 것이기 때문이다"(원문직역)

신명기 17장은 이스라엘 백성들이 가나안 땅에서 지켜야 하는 규례입니다.

하나님 나라를 유업으로 받은 그리스도인들은?

첫째, 바른 예배를 드리는 사람들입니다.

"흠이나 악질이 있는 소와 양은 아무것도 네 하나님 여호와께 드리지 말지니 이는 네 하나님 여호와께 가증한 것이 됨이니라"(신 17:1)

둘째, 우상 숭배하지 않는 사람들입니다.(신 17:2~7)

"가서 다른 신들을 섬겨 그것에게 절하며 내가 명령하지 아니한 일월성신에게 절한다 하자 그것이 네게 알려지므로 네가 듣거든 자세히 조사해 볼지니 만일 그 일과 말이 확실하여 이스라엘 중에 이런 가증한 일을 행함이 있으면 너는 그 악을 행한 남자나 여자를 네 성문으로 끌어내고 그 남자나 여자를 돌로 쳐죽이되"(신 17:2~4)

셋째, 교회법에 순종하는 사람들입니다.(신 17:8~13)

"여호와께서 택하신 곳에서 그들이 네게 보이는 판결의 뜻대로 네가 행하되 그들이 네게 가르치는 대로 삼가 행할 것이니 곧 그들이 네게 가르치는 율법의 뜻대로, 그들이 네게 말하는 판결대로 행할 것이요 그들이 네게 보이는 판결을 어겨 좌로나 우로나 치우치지 말 것이니라 사람이 만일 무법하게 행하고 네 하나님 여호와 앞에 서서 섬기는 제사장이나 재판장에게 듣지 아니하거든 그 사람을 죽여 이스라엘 중에서 악을 제하여 버리라"(신 17:10~12)

넷째, 하나님만 믿고 의지하는 사람들입니다.(신 17:17~20)

"반드시 네 하나님 여호와께서 택하신 자를 네 위에 왕으로 세울 것이며 네 위에 왕을 세우려면 네 형제 중에서 한 사람을 할 것이요 네 형제 아닌 타국인을 네 위에 세우지 말 것이며 그는 병마를 많이 두지 말 것이요 병마를 많이 얻으려고 그 백성을 애굽으로 돌아가게 하지 말 것이니 이는 여호와께서 너희에게 이르시기를 너희가 이 후에는 그 길로 다시 돌아가지 말 것이라 하셨음이며 그에게 아내를 많이 두어 그의 마음이 미혹되게 하지 말 것이며 자기를 위하여 은금을 많이 쌓지 말 것이니라 그가 왕위에 오르거든 이 율법서의 등사본을 레위 사람 제사장 앞에서 책에 기록하여 평생에 자기 옆에 두고 읽어 그의 하나님 여호와 경외하기를 배우며 이 율법의 모든 말과 이 규례를 지켜 행할 것이라"(신 17:15~19)

그리스도인들은 하나님 말씀에 순종하는 사람들입니다.

그러므로 성삼위 하나님의 은혜로 하나님 말씀에 순종하며 하나님을 영화롭게 하는 우리 모두가 되기를 기도합니다.

신명기 18장 1절

"레위 사람 제사장과 레위의 온 지파는 이스라엘 중에 분깃도 없고 기업도 없을지니 그들은 여호와의 화제물과 그 기업을 먹을 것이라"(개역개정판)

"그 레위사람 제사장과 레위의 모든 지파는 이스라엘과 함께 할 몫이나 기업이 없을 것이다. 그들은 여호와의 화제물과 그분의 기업을 먹을 것이라"(원문직역)

신명기 18장은 이스라엘 백성들이 가나안 땅에 들어가서 지켜야 하는 하나님 말씀입니다.

하나님 나라를 유업으로 받은 그리스도인들은?

첫째, 목회자들을 소중하게 여기는 사람들입니다.(신 18:1~8)

"레위 사람 제사장과 레위의 온 지파는 이스라엘 중에 분깃도 없고 기업도 없을지니 그들은 여호와의 화제물과 그 기업을 먹을 것이라 그들이 그들의 형제 중에서 기업을 가지지 않을 것은 여호와께서 그들의 기업이 되심이니 그들에게 말씀하심 같으니라"(신 18:1~2)

둘째, 우상 숭배하지 않는 사람들입니다.(신 18:9~14)

"네 하나님 여호와께서 네게 주시는 땅에 들어가거든 너는 그 민족들의 가증한 행위를 본받지 말 것이니 그의 아들이나 딸을 불 가운데로 지나게 하는 자나 점쟁이나 길흉을 말하는 자나 요술하는 자나 무당이나 진언자나 신접자나 박수나 초혼자를 너희 가운데에 용납하지 말라 이런 일을 행하는 모든 자를 여호와께서 가증히 여기시나니 이런 가증한 일로 말미암아 네 하나님 여호와께서 그들을 네 앞에

서 쫓아내시느니라"(신 18:9~12)

셋째, 예수 그리스도를 통하여 주신 하나님 말씀에 순종하는 사람들입니다.(신 18:15~22)

"네 하나님 여호와께서 너희 가운데 네 형제 중에서 너를 위하여 나와 같은 선지자 하나를 일으키시리니 너희는 그의 말을 들을지니라 이것이 곧 네가 총회의 날에 호렙 산에서 네 하나님 여호와께 구한 것이라 곧 네가 말하기를 내가 다시는 내 하나님 여호와의 음성을 듣지 않게 하시고 다시는 이 큰 불을 보지 않게 하소서 두렵건대 내가 죽을까 하나이다 하매 여호와께서 내게 이르시되 그들의 말이 옳도다 내가 그들의 형제 중에서 너와 같은 선지자 하나를 그들을 위하여 일으키고 내 말을 그 입에 두리니 내가 그에게 명령하는 것을 그가 무리에게 다 말하리라 누구든지 내 이름으로 전하는 내 말을 듣지 아니하는 자는 내게 벌을 받을 것이요"(신 18:15~20)

"그 사람들이 예수께서 행하신 이 표적을 보고 말하되 이는 참으로 세상에 오실 그 선지자라 하더라"(요 6:14)

예수 그리스도만이 유일한 중보자이시고 영원한 말씀입니다.

그러므로 성삼위 하나님의 은혜로 하나님 말씀에 순종하며 하나님을 영화롭게 하는 우리 모두가 되기를 기도합니다.

신명기 19장 2절

"네 하나님 여호와께서 네게 기업으로 주신 땅 가운데에서 세 성읍을 너를 위하여 구별하고"(개역개정판)

"네 하나님 여호와께서 네게 차지하라고 주시는 네 땅 가운데에서 너는 너를 위하여 세 성읍을 구별해야 한다"(원문직역)

신명기 19장은 도피성과 법정에서의 규례에 대한 말씀입니다.

하나님 나라를 유업으로 받은 그리스도인들은?

첫째, 예수 그리스도의 품 안에서 긍휼을 베푸는 사람들입니다.(신 19:1~10)

"네 하나님 여호와께서 네게 기업으로 주신 땅 가운데에서 세 성읍을 너를 위하여 구별하고 네 하나님 여호와께서 네게 기업으로 주시는 땅 전체를 세 구역으로 나누어 길을 닦고 모든 살인자를 그 성읍으로 도피하게 하라 살인자가 그리로 도피하여 살 만한 경우는 이러하니 곧 누구든지 본래 원한이 없이 부지중에 그의 이웃을 죽인 일, 가령 사람이 그 이웃과 함께 벌목하러 삼림에 들어가서 손에 도끼를 들고 벌목하려고 찍을 때에 도끼가 자루에서 빠져 그의 이웃을 맞춰 그를 죽게 함과 같은 것이라 이런 사람은 그 성읍 중 하나로 도피하여 생명을 보존할 것이니라"(신 19:2~5)

둘째, 살인하지 않는 사람들입니다.

"그러나 만일 어떤 사람이 그의 이웃을 미워하여 엎드려 그를 기다리다가 일어나 상처를 입혀 죽게 하고 이 한 성읍으로 도피하면 그 본 성읍 장로들이 사람을 보내어 그를 거기서 잡아다가 보복자의 손에 넘겨 죽이게 할 것이라 네 눈이 그를 긍휼히 여기지 말고 무죄한 피를 흘린 죄를 이스라엘에서 제하라 그리하면 네게

복이 있으리라"(신 19:11~13)

셋째, 도둑질 하지 않고 이웃의 것을 탐 하지 않는 사람들입니다.

"네 하나님 여호와께서 네게 주어 차지하게 하시는 땅 곧 네 소유가 된 기업의 땅에서 조상이 정한 네 이웃의 경계표를 옮기지 말지니라"(신 19:14)

넷째, 거짓 증언하지 않는 사람들입니다.(신 19:15~20)

"사람의 모든 악에 관하여 또한 모든 죄에 관하여는 한 증인으로만 정할 것이 아니요 두 증인의 입으로나 또는 세 증인의 입으로 그 사건을 확정할 것이며 만일 위증하는 자가 있어 어떤 사람이 악을 행하였다고 말하면 그 논쟁하는 쌍방이 같이 하나님 앞에 나아가 그 당시의 제사장과 재판장 앞에 설 것이요"(신 19:15~17)

다섯째, 법정에서 공의로운 판결을 내리는 사람들입니다.(동해 보복법)

"네 눈이 긍휼히 여기지 말라 생명에는 생명으로, 눈에는 눈으로, 이에는 이로, 손에는 손으로, 발에는 발로이니라"(신 19:21)

그리스도인들은 예수 그리스도의 품 안에서 이웃을 자신의 몸처럼 사랑하는 사람입니다.

"둘째도 그와 같으니 네 이웃을 네 자신 같이 사랑하라 하셨으니"(마 22:39)

그러므로 성삼위 하나님의 은혜로 이웃을 내 몸처럼 사랑하며 하나님을 영화롭게 하는 우리 모두가 되기를 기도합니다.

신명기 20장 4절

"너희 하나님 여호와는 너희와 함께 행하시며 너희를 위하여 너희 적군과 싸우시고 구원하실 것이라 할 것이며"(개역개정판)

"왜냐하면 너희 하나님 여호와께서 너희와 함께 걸어가시며 너희를 위하여 너희의 대적과 싸우시고 너희를 구원하실 것이기 때문이다"(원문직역)

신명기 20장은 이스라엘 백성들이 가나안 땅에 들어가서 치루어야 하는 전쟁에 대한 규례입니다.

그리스도인들은 영적 전쟁을 치루는 사람들입니다.

영적 전쟁을 치루는 그리스도인들은?

첫째, 하나님과 동행하며 승리하는 사람들입니다.(신 20:1~4)

"말하여 이르기를 이스라엘아 들으라 너희가 오늘 너희의 대적과 싸우려고 나아왔으니 마음에 겁내지 말며 두려워하지 말며 떨지 말며 그들로 말미암아 놀라지 말라 너희 하나님 여호와는 너희와 함께 행하시며 너희를 위하여 너희 적군과 싸우시고 구원하실 것이라 할 것이며"(신 20:3~4)

둘째, 긍휼의 은총가운데 있는 사람들입니다.(신 20:5~9)

"책임자들은 백성에게 말하여 이르기를 새 집을 건축하고 낙성식을 행하지 못한 자가 있느냐 그는 집으로 돌아갈지니 전사하면 타인이 낙성식을 행할까 하노라 포도원을 만들고 그 과실을 먹지 못한 자가 있느냐 그는 집으로 돌아갈지니 전사하면 타인이 그 과실을 먹을까 하노라 여자와 약혼하고 그와 결혼하지 못한 자가 있느냐 그는 집으로 돌아갈지니 전사하면 타인이 그를 데려갈까 하노라 하고"(신 20:5~7)

셋째, 진리로 세상을 섬기는 사람들입니다.(신 20:10~14)

"네가 어떤 성읍으로 나아가서 치려 할 때에는 그 성읍에 먼저 화평을 선언하라 그 성읍이 만일 화평하기로 회답하고 너를 향하여 성문을 열거든 그 모든 주민들에게 네게 조공을 바치고 너를 섬기게 할 것이요"(신 20:10~11)

넷째, 우상숭배를 용납하지 않는 사람들입니다.(신 20:15~18)

"이는 그들이 그 신들에게 행하는 모든 가증한 일을 너희에게 가르쳐 본받게 하여 너희가 너희의 하나님 여호와께 범죄하게 할까 함이니라"(신 20:18)

다섯째, 지혜롭게 전쟁을 치루는 사람들입니다.

"너희가 어떤 성읍을 오랫동안 에워싸고 그 성읍을 쳐서 점령하려 할 때에도 도끼를 둘러 그 곳의 나무를 찍어내지 말라 이는 너희가 먹을 것이 될 것임이니 찍지 말라 들의 수목이 사람이냐 너희가 어찌 그것을 에워싸겠느냐 다만 과목이 아닌 수목은 찍어내어 너희와 싸우는 그 성읍을 치는 기구를 만들어 그 성읍을 함락시킬 때까지 쓸지니라"(신 20:19~20)

그리스도인들이 치루는 영적 전쟁은 혈과 육을 가진 사람들과의 전쟁이 아니라 율법의 낯선 여인과 같은 육체의 소욕과 세상의 풍습과 자신의 자아와 거짓 교리와 사단의 국권 조직과의 전쟁입니다.

"우리의 씨름은 혈과 육을 상대하는 것이 아니요 통치자들과 권세들과 이 어둠의 세상 주관자들과 하늘에 있는 악의 영들을 상대함이라 그러므로 하나님의 전신 갑주를 취하라 이는 악한 날에 너희가 능히 대적하고 모든 일을 행한 후에 서기 위함이라 그런즉 서서 진리로 너희 허리 띠를 띠고 의의 호심경을 붙이고 평안의 복음이 준비한 것으로 신을 신고 모든 것 위에 믿음의 방패를 가지고 이로써 능히 악한 자의 모든 불화살을 소멸하고 구원의 투구와 성령의 검 곧 하나님의 말씀을 가지라 모든 기도와 간구를 하되 항상 성령 안에서 기도하고 이를 위하여 깨어 구하기를 항상 힘쓰며 여러 성도를 위하여 구하라"(엡 6:12~18)

그러므로 성삼위 하나님의 은혜로 하나님의 전신갑주를 입고 영적 전쟁에 승리하며 하나님을 영화롭게 하는 우리 모두가 되기를 기도합니다.

신명기 21장 1절

"네 하나님 여호와께서 네게 주어 차지하게 하신 땅에서 피살된 시체가 들에 엎드러진 것을 발견하고 그 쳐 죽인 자가 누구인지 알지 못하거든"(개역개정판)

"만약 네 하나님 여호와께서 네가 그곳에서 소유하도록 주시는 그 땅에서 어떤 살해된 자가 그 들에 쓰러져 있는 것이 발견되면, 누가 그를 쳐 죽였는지 알지 못한다면"(원문직역)

신명기 21장은 이스라엘 백성들이 가나안 땅에서 지켜야 하는 사회적 규례에 대한 말씀입니다.

하나님 나라를 유업으로 받은 그리스도인들은?

첫째, 예수 그리스도의 품 안에서 무죄한 사람의 피를 흘리지 않는 사람들입니다.(신 21:1~9)

"그 피살된 곳에서 제일 가까운 성읍의 모든 장로들은 그 골짜기에서 목을 꺾은 암송아지 위에 손을 씻으며 말하기를 우리의 손이 이 피를 흘리지 아니하였고 우리의 눈이 이것을 보지도 못하였나이다 여호와여 주께서 속량하신 주의 백성 이스라엘을 사하시고 무죄한 피를 주의 백성 이스라엘 중에 머물러 두지 마옵소서 하면 그 피 흘린 죄가 사함을 받으리니 너는 이와 같이 여호와께서 보시기에 정직한 일을 행하여 무죄한 자의 피 흘린 죄를 너희 중에서 제할지니라"(신 21:6~9)

둘째, 긍휼을 베푸는 사람들입니다.(신 21:10~17)

"네가 만일 그 포로 중의 아리따운 여자를 보고 그에게 연연하여 아내를 삼고자 하거든 그를 네 집으로 데려갈 것이요 그는 그 머리를 밀고 손톱을 베고 또 포로의 의복을 벗고 네 집에 살며 그 부모를 위하여 한 달 동안 애곡한 후에 네가 그에게로 들어가서 그의 남편이 되고 그는 네 아내가 될 것이요 그 후에 네가 그를 기뻐하지 아니하거든 그의 마음대로 가게 하고 결코 돈을 받고 팔지 말지라 네가 그를 욕보였은즉 종으로 여기지 말지니라"(신 21:11~14)

셋째, 창조의 질서를 세우는 사람들입니다.

"어떤 사람이 두 아내를 두었는데 하나는 사랑을 받고 하나는 미움을 받다가 그 사랑을 받는 자와 미움을 받는 자가 둘 다 아들을 낳았다 하자 그 미움을 받는 자의 아들이 장자이면 자기의 소유를 그의 아들들에게 기업으로 나누는 날에 그 사랑을 받는 자의 아들을 장자로 삼아 참 장자 곧 미움을 받는 자의 아들보다 앞세우지 말고 반드시 그 미움을 받는 자의 아들을 장자로 인정하여 자기의 소유에서 그에게는 두 몫을 줄 것이니 그는 자기의 기력의 시작이라 장자의 권리가 그에게 있음이니라"(신 21:15~17)

넷째, 부모에게 순종하는 사람들입니다.(신 21:18~21)

"그 성읍 장로들에게 말하기를 우리의 이 자식은 완악하고 패역하여 우리 말을 듣지 아니하고 방탕하며 술에 잠긴 자라 하면 그 성읍의 모든 사람들이 그를 돌로 쳐죽일지니 이같이 네가 너희 중에서 악을 제하라 그리하면 온 이스라엘이 듣고 두려워하리라"(신 21:20~21)

다섯째, 우리를 대신하여 십자가 위에서 하나님의 저주를 담당하신 예수 그리스도의 대속 사역의 은총으로 사는 사람들입니다.

"사람이 만일 죽을 죄를 범하므로 네가 그를 죽여 나무 위에 달거든 그 시체를 나무 위에 밤새도록 두지 말고 그 날에 장사하여 네 하나님 여호와께서 네게 기업으로 주시는 땅을 더럽히지 말라 나무에 달린 자는 하나님께 저주를 받았음이니라"(신 21:22~23)

"하나님이 죄를 알지도 못하신 이를 우리를 대신하여 죄로 삼으신 것은 우리로 하여금 그 안에서 하나님의 의가 되게 하려 하심이라"(고후 5:21)

그리스도인들은 예수 그리스도의 품 안에서 하나님 말씀에 순종하는 사람들입니다.

그러므로 성삼위 하나님의 은혜로 하나님 말씀에 순종하며 하나님을 영화롭게 하는 우리 모두가 되기를 기도합니다.

신명기 22장 1절

"네 형제의 소나 양이 길 잃은 것을 보거든 못 본 체하지 말고 너는 반드시 그것들을 끌어다가 네 형제에게 돌릴 것이요"(개역개정판)

"너는 길 잃은 네 형제의 소나 혹은 양을 보고 못 본 체하지 말아야 한다. 그리고 너는 숨기지 말아야 한다. 그것들로부터 너는 네 형제에게 돌려주어야 한다"(원문직역)

신명기 22장은 이스라엘 백성들이 가나안 땅에서 지켜야 하는 규례입니다.

하나님 나라를 유업으로 받은 그리스도인들은?

첫째, 이웃 사랑을 하는 사람들입니다.(신 22:1~4)

"네 형제의 소나 양이 길 잃은 것을 보거든 못 본 체하지 말고 너는 반드시 그것들을 끌어다가 네 형제에게 돌릴 것이요 네 형제가 네게서 멀거나 또는 네가 그를 알지 못하거든 그 짐승을 네 집으로 끌고 가서 네 형제가 찾기까지 네게 두었다가 그에게 돌려 줄지니"(신 22:1~2)

둘째, 창조의 질서를 지키는 사람들입니다.

"여자는 남자의 의복을 입지 말 것이요 남자는 여자의 의복을 입지 말 것이라 이같이 하는 자는 네 하나님 여호와께 가증한 자이니라"(신 22:5)

셋째, 자연을 보호하며 자비를 베푸는 사람들입니다.

"길을 가다가 나무에나 땅에 있는 새의 보금자리에 새 새끼나 알이 있고 어미 새가 그의 새끼나 알을 품은 것을 보거든 그 어미 새와 새끼를 아울러 취하지 말고 어미는 반드시 놓아 줄 것이요 새끼는 취하여도 되나니 그리하면 네가 복을 누리고 장수하리라"(신 22:6~7)

넷째, 안전에 대한 의무와 책임을 다하는 사람들입니다.

"네가 새 집을 지을 때에 지붕에 난간을 만들어 사람이 떨어지지 않게 하라 그 피가 네 집에 돌아갈까 하노라"(신 22:8)

다섯째, 거룩한 삶을 사는 사람들입니다.

"네 포도원에 두 종자를 섞어 뿌리지 말라, 그리하면 네가 뿌린 씨의 열매와 포도원의 소산을 다 빼앗길까 하노라 너는 소와 나귀를 겨리하여 갈지 말며 양 털과 베 실로 섞어 짠 것을 입지 말지니라"(신 22:9~11)

여섯째, 말씀을 따라 사는 사람들입니다.

"너희는 너희가 입는 겉옷의 네 귀에 술을 만들지니라"(신 22:12)

일곱째, 성적 순결을 지키는 사람들입니다.(신 22:13~30)

"어떤 남자가 유부녀와 동침한 것이 드러나거든 그 동침한 남자와 그 여자를 둘 다 죽여 이스라엘 중에 악을 제할지니라 처녀인 여자가 남자와 약혼한 후에 어떤 남자가 그를 성읍 중에서 만나 동침하면 너희는 그들을 둘 다 성읍 문으로 끌어내고 그들을 돌로 쳐죽일 것이니 그 처녀는 성안에 있으면서도 소리 지르지 아니하였음이요 그 남자는 그 이웃의 아내를 욕보였음이라 너는 이같이 하여 너희 가운데에서 악을 제할지니라 만일 남자가 어떤 약혼한 처녀를 들에서 만나서 강간하였으면 그 강간한 남자만 죽일 것이요 처녀에게는 아무것도 행하지 말 것은 처녀에게는 죽일 죄가 없음이라 이 일은 사람이 일어나 그 이웃을 쳐죽인 것과 같은 것이라 남자가 처녀를 들에서 만난 까닭에 그 약혼한 처녀가 소리질러도 구원할 자가 없었음이니라"(신 22:22~27)

그리스도인들은 세상과 구별된 거룩한 삶을 사는 사람들입니다.

> "나는 너희의 하나님이 되려고 너희를 애굽 땅에서 인도하여 낸 여호와라 내가 거룩하니 너희도 거룩할지어다"(레 11:45)

그러므로 성삼위 하나님의 은혜로 거룩의 위치에서 살아가며 하나님을 영화롭게 하는 우리 모두가 되기를 기도합니다.

신명기 23장 1절

"고환이 상한 자나 음경이 잘린 자는 여호와의 총회에 들어오지 못하리라"(개역개정판)

"고환이 상했거나 성기가 잘려진 사람은 여호와의 총회(모임, 회중, 공동체)에 들어오지 못할것이다"(원문직역)

신명기 23장은 여호와의 총회에 들어올 수 있는 사람들의 자격과 여호와의 총회 안에 거주하는 사람들의 삶에 대한 규례의 말씀입니다.

"카할 아도나이"(여호와의 총회)는 "하나의 거룩한 공교회와 하나의 거룩한 공교회에 속한 바른 지교회"를 표상합니다.

하나님 나라를 유업으로 받은 그리스도인들은?

첫째, 예수 그리스도의 몸 된 교회의 지체가 된 사람들입니다.(신 23:1~8)

"고환이 상한 자나 음경이 잘린 자는 여호와의 총회에 들어오지 못하리라 사생자는 여호와의 총회에 들어오지 못하리니 십 대에 이르기까지도 여호와의 총회에 들어오지 못하리라 암몬 사람과 모압 사람은 여호와의 총회에 들어오지 못하리니 그들에게 속한 자는 십 대뿐 아니라 영원히 여호와의 총회에 들어오지 못하리라"(신 23:1~3)

둘째, 거룩의 위치에서 영적 전쟁을 치루는 사람들입니다.(신 23:9~14)

"이는 네 하나님 여호와께서 너를 구원하시고 적군을 네게 넘기시려고 네 진영 중에 행하심이라 그러므로 네 진영을 거룩히 하라 그리하면 네게서 불결한 것을 보

시지 않으므로 너를 떠나지 아니하시리라"(신 23:14)

셋째, 긍휼을 베푸는 사람들입니다.

"종이 그의 주인을 피하여 네게로 도망하거든 너는 그의 주인에게 돌려주지 말고 그가 네 성읍 중에서 원하는 곳을 택하는 대로 너와 함께 네 가운데에 거주하게 하고 그를 압제하지 말지니라"(신 23:15~16)

넷째, 교리적 성결과 도덕적 성결의 위치에서 사는 사람들입니다.

"이스라엘 여자 중에 창기가 있지 못할 것이요 이스라엘 남자 중에 남창이 있지 못할지니 창기가 번 돈과 개 같은 자의 소득은 어떤 서원하는 일로든지 네 하나님 여호와의 전에 가져오지 말라 이 둘은 다 네 하나님 여호와께 가증한 것임이니라"(신 23:17~18)

다섯째, 예수 그리스도의 몸 된 교회의 지체들을 사랑하는 사람들입니다.

"네가 형제에게 꾸어주거든 이자를 받지 말지니 곧 돈의 이자, 식물의 이자, 이자를 낼 만한 모든 것의 이자를 받지 말 것이라 타국인에게 네가 꾸어주면 이자를 받아도 되거니와 네 형제에게 꾸어주거든 이자를 받지 말라 그리하면 네 하나님 여호와께서 네가 들어가서 차지할 땅에서 네 손으로 하는 범사에 복을 내리시리라"(신 23:19~20)

여섯째, 합법적 맹세와 서원을 지키는 사람들입니다.

"네 하나님 여호와께 서원하거든 갚기를 더디하지 말라 네 하나님 여호와께서 반드시 그것을 네게 요구하시리니 더디면 그것이 네게 죄가 될 것이라 네가 서원하지 아니하였으면 무죄하리라 그러나 네 입으로 말한 것은 그대로 실행하도록 유의하라 무릇 자원한 예물은 네 하나님 여호와께 네가 서원하여 입으로 언약한 대로 행할지니라"(신 23:21~23)

일곱째, 이웃에게 긍휼을 베풀며 이웃의 재산을 소중하게 여기는 사람들입니다.

“네 이웃의 포도원에 들어갈 때에는 마음대로 그 포도를 배불리 먹어도 되느니라 그러나 그릇에 담지는 말 것이요 네 이웃의 곡식밭에 들어갈 때에는 네가 손으로 그 이삭을 따도 되느니라 그러나 네 이웃의 곡식밭에 낫을 대지는 말지니라”(신 23:24~25)

예수 그리스도의 대속 사역의 은총으로 하나님 나라를 유업으로 받고 예수 그리스도의 몸 된 교회의 지체가 된 그리스도인들은 하나님 말씀에 순종하는 사람들입니다.

그러므로 성삼위 하나님의 은혜로 하나님 말씀에 순종하며 하나님을 영화롭게 하는 우리 모두가 되기를 기도합니다.

신명기 24장 22절

"너는 애굽 땅에서 종 되었던 것을 기억하라 이러므로 내가 네게 이 일을 행하라 명령하노라"(개역개정판)

"그리고 너는 애굽 땅에서 종이었던 것을 기억해야 한다. 그러므로 나는 네게 이 일을 행하도록 명령하는 것이다"(원문직역)

신명기 24장은 이스라엘 백성들이 가나안 땅에서 지켜야 하는 규례의 말씀입니다.

예수 그리스도의 대속 사역 은총으로 구원받고 하나님 나라를 유업으로 받은 그리스도인들은?

첫째, 가정 생활을 소중하게 여기는 사람들입니다.(신 24:1~4)

"사람이 아내를 맞이하여 데려온 후에 그에게 수치되는 일이 있음을 발견하고 그를 기뻐하지 아니하면 이혼 증서를 써서 그의 손에 주고 그를 자기 집에서 내보낼 것이요"(신 24:1)

둘째, 긍휼을 베푸는 사람들입니다.(신 24:5~6, 10~15, 17~22)

"사람이 새로이 아내를 맞이하였으면 그를 군대로 내보내지 말 것이요 아무 직무도 그에게 맡기지 말 것이며 그는 일 년 동안 한가하게 집에 있으면서 그가 맞이한 아내를 즐겁게 할지니라 사람이 맷돌이나 그 위짝을 전당 잡지 말지니 이는 그 생명을 전당 잡음이니라"(신 24:5~6)

"그가 가난한 자이면 너는 그의 전당물을 가지고 자지 말고 해 질 때에 그 전당물을 반드시 그에게 돌려줄 것이라 그리하면 그가 그 옷을 입고 자며 너를 위하여 축복하리니 그 일이 네 하나님 여호와 앞에서 네 공의로움이 되리라"(신 24:12~13)

"네가 네 감람나무를 떤 후에 그 가지를 다시 살피지 말고 그 남은 것은 객과 고아와 과부를 위하여 남겨두며 네가 네 포도원의 포도를 딴 후에 그 남은 것을 다시 따지 말고 객과 고아와 과부를 위하여 남겨두라"(신 24:20~21)

셋째, 영혼을 소중하게 여기는 사람들입니다.

"사람이 자기 형제 곧 이스라엘 자손 중 한 사람을 유인하여 종으로 삼거나 판 것이 발견되면 그 유인한 자를 죽일지니 이같이 하여 너희 중에서 악을 제할지니라"(신 24:7)

넷째, 공동체의 안전을 소중하게 여기는 사람들입니다.

"너는 나병에 대하여 삼가서 레위 사람 제사장들이 너희에게 가르치는 대로 네가 힘써 다 지켜 행하되 너희는 내가 그들에게 명령한 대로 지켜 행하라 너희는 애굽에서 나오는 길에서 네 하나님 여호와께서 미리암에게 행하신 일을 기억할지니라"(신 24:8~9)

다섯째, 자신의 죄값을 다른 사람에게 전가하지 않는 사람들입니다.

"아버지는 그 자식들로 말미암아 죽임을 당하지 않을 것이요 자식들은 그 아버지로 말미암아 죽임을 당하지 않을 것이니 각 사람은 자기 죄로 말미암아 죽임을 당할 것이니라"(신 24:16)

긍휼의 은총을 받은 그리스도인들은 긍휼을 베풀며 살아가는 사람들입니다.

"긍휼히 여기는 자는 복이 있나니 그들이 긍휼히 여김을 받을 것임이요"(마 5:7)

그러므로 성삼위 하나님의 은혜로 긍휼의 위치에서 살아가며 하나님을 영화롭게 하는 우리 모두가 되기를 기도합니다.

신명기 25장 1절

"사람들 사이에 시비가 생겨 재판을 청하면 재판장은 그들을 재판하여 의인은 의롭다 하고 악인은 정죄할 것이며"(개역개정판)

"사람과 사람사이에 소송이 있다면 그들은 그 법정으로 나아가야 한다. 그리고 그들은 그들을 재판하여 의인을 의롭다고 하고 악인을 유죄하다 할 것이라"(원문직역)

신명기 25장도 이스라엘 백성들이 가나안 땅에서 지켜야 하는 규례의 말씀입니다.

하나님 나라를 유업으로 받은 그리스도인들은?

첫째, 의로운 판단을 하는 사람들입니다.

"사람들 사이에 시비가 생겨 재판을 청하면 재판장은 그들을 재판하여 의인은 의롭다 하고 악인은 정죄할 것이며"(신 25:1)

둘째, 긍휼을 베푸는 사람들입니다.

"악인에게 태형이 합당하면 재판장은 그를 엎드리게 하고 그 앞에서 그의 죄에 따라 수를 맞추어 때리게 하라 사십까지는 때리려니와 그것을 넘기지는 못할지니 만일 그것을 넘겨 매를 지나치게 때리면 네가 네 형제를 경히 여기는 것이 될까 하노라"(신 25:2~3)

셋째, 일하는 사람들에게 정당한 삯을 지불하는 사람들입니다.

"곡식 떠는 소에게 망을 씌우지 말지니라"(신 25:4)

넷째, 하늘의 신령한 기업인 하나님 나라를 소중하게 여기는 사람들입니다.(신 25:5~10)

"형제들이 함께 사는데 그 중 하나가 죽고 아들이 없거든 그 죽은 자의 아내는 나가서 타인에게 시집 가지 말 것이요 그의 남편의 형제가 그에게로 들어가서 그를 맞이하여 아내로 삼아 그의 남편의 형제 된 의무를 그에게 다 행할 것이요 그 여인이 낳은 첫 아들이 그 죽은 형제의 이름을 잇게 하여 그 이름이 이스라엘 중에서 끊어지지 않게 할 것이니라"(신 25:5~6)

다섯째, 과잉 대응을 하지 않고 개인 보복을 하지 않는 사람들입니다.

"두 사람이 서로 싸울 때에 한 사람의 아내가 그 치는 자의 손에서 그의 남편을 구하려 하여 가까이 가서 손을 벌려 그 사람의 음낭을 잡거든 너는 그 여인의 손을 찍어버릴 것이고 네 눈이 그를 불쌍히 여기지 말지니라"(신 25:11~12)

여섯째, 바르고 정당한 사람들입니다.(신 26:13~16)

"오직 온전하고 공정한 저울추를 두며 온전하고 공정한 되를 둘 것이라 그리하면 네 하나님 여호와께서 네게 주시는 땅에서 네 날이 길리라"(신 25:15)

일곱째, 공적인 하나님 나라 원수를 멀리하는 사람들입니다.(신 25:17~19)

"그러므로 네 하나님 여호와께서 네게 기업으로 주어 차지하게 하시는 땅에서 네 하나님 여호와께서 사방에 있는 모든 적군으로부터 네게 안식을 주실 때에 너는 천하에서 아말렉에 대한 기억을 지워버리라 너는 잊지 말지니라"(신 25:19)

그리스도인의 의로운 판단은 사실 확인의 터 위에서 사실 판단을 하고 사실 판단의 터 위에서 합리적 이성의 법과 양심의 법과 십계명에 위배되지 않는 실정법과 교회법과 하나님 말씀으로 가치 판단을 하고 그 가치 판단의 터 위에서 성령님을 따라 의사결정을 하는 판단입니다.

그러므로 성삼위 하나님의 은혜로 의로운 판단을 하며 하나님을 영화롭게 하는 우리 모두가 되기를 기도합니다.

신명기 26장 2절

"네 하나님 여호와께서 네게 주신 땅에서 그 토지의 모든 소산의 만물을 거둔 후에 그것을 가져다가 광주리에 담고 네 하나님 여호와께서 그의 이름을 두시려고 택하신 곳으로 그것을 가지고 가서"(개역개정판)

"그리고 네 하나님 여호와께서 네게 주시는 너의 땅으로부터 그 토지의 모든 열매의 처음 것을 너는 취하여 가져오라. 그리고 광주리에 넣으라. 그리고 네 하나님 여호와께서 그 이름을 거하게 하시려고 택하신 그곳으로 너는 가라"(원문직역)

신명기 26장은 십일조의 규례와 용도에 대한 말씀입니다.

십일조는 하나님 나라 백성 된 그리스도인에게 주시는 하나님의 명령입니다.

"오늘 네 하나님 여호와께서 이 규례와 법도를 행하라고 네게 명령하시나니 그런즉 너는 마음을 다하고 뜻을 다하여 지켜 행하라 네가 오늘 여호와를 네 하나님으로 인정하고 또 그 도를 행하고 그의 규례와 명령과 법도를 지키며 그의 소리를 들으라 여호와께서도 네게 말씀하신 대로 오늘 너를 그의 보배로운 백성이 되게 하시고 그의 모든 명령을 지키라 확언하셨느니라 그런즉 여호와께서 너를 그 지으신 모든 민족 위에 뛰어나게 하사 찬송과 명예와 영광을 삼으시고 그가 말씀하신 대로 너를 네 하나님 여호와의 성민이 되게 하시리라"(신 26:16~19)

그리스도인들이 십일조를 해야 하는 이유는?

첫째, 예수 그리스도의 대속 사역으로 구원받았기 때문입니다.(신 26:4~9)

"애굽 사람이 우리를 학대하며 우리를 괴롭히며 우리에게 중노동을 시키므로 우리가 우리 조상의 하나님 여호와께 부르짖었더니 여호와께서 우리 음성을 들으시고 우리의 고통과 신고와 압제를 보시고 여호와께서 강한 손과 편 팔과 큰 위엄과 이적과 기사로 우리를 애굽에서 인도하여 내시고 이곳으로 인도하사 이 땅 곧 젖과 꿀이 흐르는 땅을 주셨나이다"(신 26:6~9)

둘째, 하나님 나라와 예수 그리스도의 몸 된 교회를 영적 기업으로 주셨기 때문입니다.

"네 하나님 여호와께서 네게 기업으로 주어 차지하게 하실 땅에 네가 들어가서 거기에 거주할 때에 네 하나님 여호와께서 네게 주신 땅에서 그 토지의 모든 소산의 맏물을 거둔 후에 그것을 가져다가 광주리에 담고 네 하나님 여호와께서 그의 이름을 두시려고 택하신 곳으로 그것을 가지고 가서 그 때의 제사장에게 나아가 그에게 이르기를 내가 오늘 당신의 하나님 여호와께 아뢰나이다 내가 여호와께서 우리에게 주시겠다고 우리 조상들에게 맹세하신 땅에 이르렀나이다 할 것이요"(신 26:1~3)

셋째, 영적 기업으로 주신 교회를 받들어 섬기고 세우며 교회의 사명을 감당케 하기 위함입니다.

"여호와여 이제 내가 주께서 내게 주신 토지 소산의 맏물을 가져왔나이다 하고 너는 그것을 네 하나님 여호와 앞에 두고 네 하나님 여호와 앞에 경배할 것이며 네 하나님 여호와께서 너와 네 집에 주신 모든 복으로 말미암아 너는 레위인과 너희 가운데에 거류하는 객과 함께 즐거워할지니라 셋째 해 곧 십일조를 드리는 해에 네 모든 소산의 십일조 내기를 마친 후에 그것을 레위인과 객과 고아와 과부에게 주어 네 성읍 안에서 먹고 배부르게 하라"(신 26:10~12)

십일조는 구약 교회와 신약 교회의 성도들에게 교회의 머리이신 예수 그리스도께서 주시는 규례입니다.

"화 있을진저 너희 바리새인이여 너희가 박하와 운향과 모든 채소의 십일조는 드리되 공의와 하나님께 대한 사랑은 버리는도다 그러나 이것도 행하고 저것도 버

리지 말아야 할지니라"(눅 11:42)

영생의 복을 받은 그리스도인들은 하나의 거룩한 공교회에 속한 바른 지교회에 소속되어 교회를 받들어 섬기고 세워 나아가며 지체들과 더불어 함께 지어져가는 사람들입니다.

그러므로 성삼위 하나님의 은혜로 예수 그리스도의 몸 된 교회를 받들어 섬기고 세워 나아가며 하나님을 영화롭게 하는 우리 모두가 되기를 기도합니다.

신명기 27장 1절

"모세와 이스라엘 장로들이 백성에게 명령하여 이르되 내가 오늘 너희에게 명령하는 이 명령을 너희는 다 지킬지니라"(개역개정판)

"그리고 모세가 명령했다. 그리고 이스라엘 장로들이 그 백성에게 말하기를 내가 오늘 너희에게 명령하는 이 모든 명령을 지키라"(개역개정판)

신명기 27장은 이스라엘 백성들이 가나안 땅에서 지켜야 하는 규례의 말씀입니다.

하나님 나라를 유업으로 받은 그리스도인들은?

첫째, 바른 예배를 드리는 사람들입니다.

"너희가 요단을 건너거든 내가 오늘 너희에게 명령하는 이 돌들을 에발 산에 세우고 그 위에 석회를 바를 것이며 또 거기서 네 하나님 여호와를 위하여 제단 곧 돌단을 쌓되 그것에 쇠 연장을 대지 말지니라 너는 다듬지 않은 돌로 네 하나님 여호와의 제단을 쌓고"(신 27:4~6상)

둘째, 예수 그리스도의 품 안에서 하나님께 자신을 드리는 사람들입니다.

"그 위에 네 하나님 여호와께 번제를 드릴 것이며"(신 27:6하)

셋째, 예수 그리스도의 품 안에서 하나님과 화목하고 지체들과 이웃들과 화목한 사람들입니다.

"또 화목제를 드리고 거기에서 먹으며 네 하나님 여호와 앞에서 즐거워하라"(신 27:7)

넷째, 성령님의 은혜로 하나님 말씀이 생각과 마음에 기록된 사람들입니다.

"너는 이 율법의 모든 말씀을 그 돌들 위에 분명하고 정확하게 기록할지니라"(신 27:8)

"여호와의 말씀이니라 보라 날이 이르리니 내가 이스라엘 집과 유다 집에 새 언약을 맺으리라 이 언약은 내가 그들의 조상들의 손을 잡고 애굽 땅에서 인도하여 내던 날에 맺은 것과 같지 아니할 것은 내가 그들의 남편이 되었어도 그들이 내 언약을 깨뜨렸음이라 여호와의 말씀이니라 그러나 그 날 후에 내가 이스라엘 집과 맺을 언약은 이러하니 곧 내가 나의 법을 그들의 속에 두며 그들의 마음에 기록하여 나는 그들의 하나님이 되고 그들은 내 백성이 될 것이라 여호와의 말씀이니라 그들이 다시는 각기 이웃과 형제를 가리켜 이르기를 너는 여호와를 알라 하지 아니하리니 이는 작은 자로부터 큰 자까지 다 나를 알기 때문이라 내가 그들의 악행을 사하고 다시는 그 죄를 기억하지 아니하리라 여호와의 말씀이니라"(렘 31:31~34)

다섯째, 영원한 도덕법인 십계명에 순종하는 사람들입니다.(신 27:11~26)

"장색의 손으로 조각하였거나 부어 만든 우상은 여호와께 가증하니 그것을 만들어 은밀히 세우는 자는 저주를 받을 것이라 할 것이요 모든 백성은 응답하여 말하되 아멘 할지니라 그의 부모를 경홀히 여기는 자는 저주를 받을 것이라 할 것이요 모든 백성은 아멘 할지니라"(신 27:15~16)

그리스도인들은 성령님의 은혜로 하나님 말씀에 순종하는 사람들입니다.

"또 새 영을 너희 속에 두고 새 마음을 너희에게 주되 너희 육신에서 굳은 마음을 제거하고 부드러운 마음을 줄 것이며 또 내 영을 너희 속에 두어 너희로 내 율례를 행하게 하리니 너희가 내 규례를 지켜 행할지라 내가너희 조상들에게 준 땅에서 너희가 거주하면서 내 백성이 되고 나는 너희 하나님이 되리라"(겔 36:26~28)

그러므로 성삼위 하나님의 은혜로 하나님 말씀에 순종하며 하나님을 영화롭게 하는 우리 모두가 되기를 기도합니다.

신명기 28장 9절

"여호와께서 네게 맹세하신 대로 너를 세워 자기의 성민이 되게 하시리니 이는 네가 네 하나님 여호와의 명령을 지켜 그 길로 행할 것임이니라"(개역개정판)

"만일 네가 네 하나님 여호와의 명령을 지키고 그의 길들로 걸어가면 여호와께서 네게 맹세하신 대로 너를 그분을 위하여 거룩한 백성으로 세우실 것이다"(원문직역)

신명기 28장은 축복과 저주에 대한 말씀입니다.

하나님 나라를 유업으로 받은 그리스도인들은?

첫째, 하나님 말씀에 순종하는 사람들입니다.

"네가 네 하나님 여호와의 말씀을 삼가 듣고 내가 오늘 네게 명령하는 그의 모든 명령을 지켜 행하면 네 하나님 여호와께서 너를 세계 모든 민족 위에 뛰어나게 하실 것이라 네가 네 하나님 여호와의 말씀을 청종하면 이 모든 복이 네게 임하며 네게 이르리니"(신 28:1~2)

"여호와께서 네게 맹세하신 대로 너를 세워 자기의 성민이 되게 하시리니 이는 네가 네 하나님 여호와의 명령을 지켜 그 길로 행할 것임이니라"(신 28:9)

"네가 만일 네 하나님 여호와의 말씀을 순종하지 아니하여 내가 오늘 네게 명령하는 그의 모든 명령과 규례를 지켜 행하지 아니하면 이 모든 저주가 네게 임하며 네게 이를 것이니 네가 성읍에서도 저주를 받으며 들에서도 저주를 받을 것이요"(신 28:15~16)

"네가 네 하나님 여호와의 말씀을 청종하지 아니하고 네게 명령하신 그의 명령과 규례를 지키지 아니하므로 이 모든 저주가 네게 와서 너를 따르고 네게 이르러 마침내 너를 멸하리니 이 모든 저주가 너와 네 자손에게 영원히 있어서 표징과 훈계

가 되리라"(신 28:45~46)

둘째, 우상 숭배 하지 않는 사람들입니다.

"내가 오늘 너희에게 명령하는 그 말씀을 떠나 좌로나 우로나 치우치지 아니하고 다른 신을 따라 섬기지 아니하면 이와 같으리라"(신 28:14)

셋째, 하나님의 이름을 경외하는 사람들입니다.

"네가 만일 이 책에 기록한 이 율법의 모든 말씀을 지켜 행하지 아니하고 네 하나님 여호와라 하는 영화롭고 두려운 이름을 경외하지 아니하면 여호와께서 네 재앙과 네 자손의 재앙을 극렬하게 하시리니 그 재앙이 크고 오래고 그 질병이 중하고 오랠 것이라"(신 28:58~59)

예수 그리스도의 대속 사역 은총으로 구원받은 그리스도인들은 하나님 말씀에 순종하며 하나님의 영광을 드러내기 위하여 하나님께서 주시는 복을 누리며 살아가는 사람들입니다.(신 28:1~14)

"네가 네 하나님 여호와의 말씀을 삼가 듣고 내가 오늘 네게 명령하는 그의 모든 명령을 지켜 행하면 네 하나님 여호와께서 너를 세계 모든 민족 위에 뛰어나게 하실 것이라"(신 28:1)

하나님 말씀에 불순종해서 구약 시대 이스라엘 백성들처럼 하나님께서 세상에 내리는 진노를 경험하지 않고 사는 그리스도인들은 지혜로운 그리스도인들입니다.(신 28:15~68)

"네가 만일 이 책에 기록한 이 율법의 모든 말씀을 지켜 행하지 아니하고 네 하나님 여호와라 하는 영화롭고 두려운 이름을 경외하지 아니하면 여호화께서 네 재앙과 네 자손의 재앙을 극렬하게 하시리니 그 재앙이 크고 오래고 그 질병이 중하고 오랠 것이라"(신 28:58~59)

그러므로 성삼위 하나님의 은혜로 하나님 말씀에 순종하며 하나님을 영화롭게 하는 우리 모두가 되기를 기도합니다.

신명기 29장 1절

"호렙에서 이스라엘 자손과 세우신 언약 외에 여호와께서 모세에게 명령하여 모압 땅에서 그들과 세우신 언약의 말씀은 이러하니라"(개역개정판)

"이것은 여호와께서 호렙에서 그들과 맺으신 그 언약 외에 모압의 땅에서 이스라엘 아들들과 맺으려고 모세에게 명령하신 그 언약의 말씀이다"(원문직역)

신명기 29장은 출애굽 1세대들과 맺은 시내산 언약의 터위에서 출애굽 2세대들과 아브라함의 허리 아래에 있는 모든 세대들과 맺는 언약의 말씀입니다.

아브라함의 영적 후손인 모든 그리스도인은 언약 백성입니다.

언약 백성인 그리스도인들은?

첫째, 성령님의 은혜가운데 거하는 사람들입니다.

"그러나 깨닫는 마음과 보는 눈과 듣는 귀는 오늘 여호와께서 너희에게 주지 아니하셨느니라"(신 29:4)

성령님은 그리스도인들 속에 보혜사로 내주하시며 하나님 말씀을 깨닫게 하시고 성경을 통해 하나님을 알게 하시고 하나님 말씀에 순종하게 하십니다.

둘째, 삼위일체 하나님을 아는 사람들입니다.

"너희에게 떡도 먹지 못하며 포도주나 독주를 마시지 못하게 하셨음은 주는 너희의 하나님 여호와이신 줄을 알게 하려 하심이니라"(신 29:6)

셋째, 하나님 나라 백성들입니다.

"네 하나님 여호와의 언약에 참여하며 또 네 하나님 여호와께서 오늘 네게 하시는 맹세에 참여하여 여호와께서 네게 말씀하신 대로 또 네 조상 아브라함과 이삭과 야곱에게 맹세하신 대로 오늘 너를 세워 자기 백성을 삼으시고 그는 친히 네 하나님이 되시려 함이니라 내가 이 언약과 맹세를 너희에게만 세우는 것이 아니라 오늘 우리 하나님 여호와 앞에서 우리와 함께 여기 서 있는 자와 오늘 우리와 함께 여기 있지 아니한 자에게까지이니"(신 29:12~15)

넷째, 바른 교리를 따라가는 사람들입니다.

"너희 중에 남자나 여자나 가족이나 지파나 오늘 그 마음이 우리 하나님 여호와를 떠나서 그 모든 민족의 신들에게 가서 섬길까 염려하며 독초와 쑥의 뿌리가 너희 중에 생겨서 이 저주의 말을 듣고도 심중에 스스로 복을 빌어 이르기를 내가 내 마음이 완악하여 젖은 것과 마른 것이 멸망할지라도 내게는 평안이 있으리라 할까 함이라 여호와는 이런 자를 사하지 않으실 뿐 아니라 그 위에 여호와의 분노와 질투의 불을 부으시며 또 이 책에 기록된 모든 저주를 그에게 더하실 것이라 여호와께서 그의 이름을 천하에서 지워버리시되 여호와께서 곧 이스라엘 모든 지파 중에서 그를 구별하시고 이 율법책에 기록된 모든 언약의 저주대로 그에게 화를 더하시리라"(신 29:18~21)

다섯째, 우상 숭배를 하지 않는 사람들입니다.

"그 때에 사람들이 대답하기를 그 무리가 자기 조상의 하나님 여호와께서 그들의 조상을 애굽에서 인도하여 내실 때에 더불어 세우신 언약을 버리고 가서 자기들이 알지도 못하고 여호와께서 그들에게 주시지도 아니한 다른 신들을 따라가서 그들을 섬기고 절한 까닭이라"(신 29:25~26)

여섯째, 하나님 말씀에 순종하는 사람들입니다.

> "감추어진 일은 우리 하나님 여호와께 속하였거니와 나타난 일은 영원히 우리와 우리 자손에게 속하였나니 이는 우리에게 이 율법의 모든 말씀을 행하게 하심이니라"(신 29:29)

언약 백성인 그리스도인들은 하나님 말씀에 순종하는 사람들입니다.

> "그런즉 너희는 이 언약의 말씀을 지켜 행하라 그리하면 너희가 하는 모든 일이 형통하리라"(신 29:9)

그러므로 성삼위 하나님의 은혜로 하나님 말씀에 순종하며 하나님을 영화롭게 하는 우리 모두가 되기를 기도합니다.

신명기 30장 20절

"네 하나님 여호와를 사랑하고 그의 말씀을 청종하며 또 그를 의지하라 그는 네 생명이시요 네 장수이시니 여호와께서 네 조상 아브라함과 이삭과 야곱에게 주리라고 맹세하신 땅에 네가 거주하리라"(개역개정판)

"네 하나님 여호와를 사랑하고 그의 음성에 순종하며 그리고 그에게 붙어 있으라. 참으로 그는 네 생명과 네 날들을 길게 하시기 때문이니 여호와는 네 아버지들인 아브라함과 이삭과 야곱에게 그들에게 주시기로 맹세하신 그 땅에 거주하게 하신다"(원문직역)

신명기 30장은 하나님 말씀에 대한 순종과 회복에 대한 말씀입니다.

하나님 나라를 유업으로 받은 그리스도인들은?

첫째, 생명얻는 회개의 은총가운데 사는 사람들입니다.(신 30:1~7)

"내가 네게 진술한 모든 복과 저주가 네게 임하므로 네가 네 하나님 여호와로부터 쫓겨간 모든 나라 가운데서 이 일이 마음에서 기억이 나거든 너와 네 자손이 네 하나님 여호와께로 돌아와 내가 오늘 네게 명령한 것을 온전히 따라 마음을 다하고 뜻을 다하여 여호와의 말씀을 청종하면 네 하나님 여호와께서 마음을 돌이키시고 너를 긍휼히 여기사 포로에서 돌아오게 하시되 네 하나님 여호와께서 흩으신 그 모든 백성 중에서 너를 모으시리니 네 쫓겨간 자들이 하늘 가에 있을지라도 네 하나님 여호와께서 거기서 너를 모으실 것이며 거기서부터 너를 이끄실 것이라"(신 30:1~4)

둘째, 하나님 말씀에 순종하며 사는 사람들입니다.(신 30:8~16, 19~20)

"너는 돌아와 다시 여호와의 말씀을 청종하고 내가 오늘 네게 명령하는 그 모든 명령을 행할 것이라 네가 네 하나님 여호와의 말씀을 청종하여 이 율법책에 기록된 그의 명령과 규례를 지키고 네 마음을 다하며 뜻을 다하여 여호와 네 하나님께 돌아오면 네 하나님 여호와께서 네 손으로 하는 모든 일과 네 몸의 소생과 네 가축의 새끼와 네 토지 소산을 많게 하시고 네게 복을 주시되 곧 여호와께서 네 조상들을 기뻐하신 것과 같이 너를 다시 기뻐하사 네게 복을 주시리라"(신 30:8~10)

"내가 오늘 하늘과 땅을 불러 너희에게 증거를 삼노라 내가 생명과 사망과 복과 저주를 네 앞에 두었은즉 너와 네 자손이 살기 위하여 생명을 택하고 네 하나님 여호와를 사랑하고 그의 말씀을 청종하며 또 그를 의지하라 그는 네 생명이시요 네 장수이시니 여호와께서 네 조상 아브라함과 이삭과 야곱에게 주리라고 맹세하신 땅에 네가 거주하리라"(신 30:19~20)

셋째, 우상 숭배하지 않는 사람들입니다.

"그러나 네가 만일 마음을 돌이켜 듣지 아니하고 유혹을 받아 다른 신들에게 절하고 그를 섬기면 내가 오늘 너희에게 선언하노니 너희가 반드시 망할 것이라 너희가 요단을 건너가서 차지할 땅에서 너희의 날이 길지 못할 것이니라"(신 30:17~18)

하나님을 사랑하고 하나님과 연합하는 삶을 산다는 것은 하나님 말씀에 순종하는 것 입니다.

"네 하나님 여호와를 사랑하고 그의 말씀을 청종하며 또 그를 의지하라 그는 네 생명이시요 네 장수이시니 여호와께서 네 조상 아브라함과 이삭과 야곱에게 주리라고 맹세하신 땅에 네가 거주하리라"(신 30:20)

그러므로 성삼위 하나님의 은혜로 하나님 말씀에 순종하며 하나님을 영화롭게 하는 우리 모두가 되기를 기도합니다.

신명기 31장 1절

"또 모세가 가서 온 이스라엘에게 이 말씀을 전하여"(개역개정판)

"그리고 모세가 갔다. 그리고 그가 모든 이스라엘에게 이 모든 말씀을 말했다"(원문직역)

신명기 31장은 모세가 이스라엘 백성들에게 마지막으로 가르치는 권면의 말씀과 예언의 말씀입니다.

하나님 나라를 기업으로 받은 그리스도인들은?

첫째, 마음을 강하게 하고 담대하게 하는 사람들입니다.(신 31:1~7, 23)

"너희는 강하고 담대하라 두려워하지 말라 그들 앞에서 떨지 말라 이는 네 하나님 여호와 그가 너와 함께 가시며 결코 너를 떠나지 아니하시며 버리지 아니하실 것임이라 하고 모세가 여호수아를 불러 온 이스라엘의 목전에서 그에게 이르되 너는 강하고 담대하라 너는 이 백성을 거느리고 여호와께서 그들의 조상에게 주리라고 맹세하신 땅에 들어가서 그들에게 그 땅을 차지하게 하라"(신 31:6~7)

"여호와께서 또 눈의 아들 여호수아에게 명령하여 이르시되 너는 이스라엘 자손들을 인도하여 내가 그들에게 맹세한 땅으로 들어가게 하리니 강하고 담대하라 내가 너와 함께 하리라 하시니라"(신 31:23)

둘째, 하나님과 동행하는 사람들입니다.

"그리하면 여호와 그가 네 앞에서 가시며 너와 함께 하사 너를 떠나지 아니하시며 버리지 아니하시리니 너는 두려워하지 말라 놀라지 말라"(신 31:8)

셋째, 하나님 말씀을 듣고 순종하며 하나님을 경외하는 사람들입니다.

"온 이스라엘이 네 하나님 여호와 앞 그가 택하신 곳에 모일 때에 이 율법을 낭독하여 온 이스라엘에게 듣게 할지니 곧 백성의 남녀와 어린이와 네 성읍 안에 거류하는 타국인을 모으고 그들에게 듣고 배우고 네 하나님 여호와를 경외하며 이 율법의 모든 말씀을 지켜 행하게 하고 또 너희가 요단을 건너가서 차지할 땅에 거주할 동안에 이 말씀을 알지 못하는 그들의 자녀에게 듣고 네 하나님 여호와 경외하기를 배우게 할지니라"(신 31:11~13)

넷째, 우상 숭배하지 않는 사람들입니다.(신 31:14~21)

"또 여호와께서 모세에게 이르시되 너는 네 조상과 함께 누우려니와 이 백성은 그 땅으로 들어가 음란히 그 땅의 이방 신들을 따르며 일어날 것이요 나를 버리고 내가 그들과 맺은 언약을 어길 것이라 내가 그들에게 진노하여 그들을 버리며 내 얼굴을 숨겨 그들에게 보이지 않게 할 것인즉 그들이 삼킴을 당하여 허다한 재앙과 환난이 그들에게 임할 그 때에 그들이 말하기를 이 재앙이 우리에게 내림은 우리 하나님이 우리 가운데에 계시지 않은 까닭이 아니냐 할 것이라 또 그들이 돌이켜 다른 신들을 따르는 모든 악행으로 말미암아 내가 그 때에 반드시 내 얼굴을 숨기리라"(신 31:16~18)

다섯째, 하나님 말씀에 순종하는 사람들입니다.(신 31:24~30)

"내가 알거니와 내가 죽은 후에 너희가 스스로 부패하여 내가 너희에게 명령한 길을 떠나 여호와의 목전에 악을 행하여 너희의 손으로 하는 일로 그를 격노하게 하므로 너희가 후일에 재앙을 당하리라하니라"(신 31:29)

바른 믿음은 하나님 말씀에 순종하는 믿음입니다.

그러므로 성삼위 하나님의 은혜로 하나님 말씀에 순종하며 하나님을 영화롭게 하는 우리 모두가 되기를 기도합니다.

신명기 32장 1절

"하늘이여 귀를 기울이라 내가 말하리라 땅은 내 입의 말을 들을지어다"(개역개정판)

"그 하늘이여 너는 귀를 기울이라. 그리고 내가 말할 것이다. 그리고 그 땅은 내 입의 말들을 들으라"(원문직역)

신명기 32장은 이스라엘 백성들에게 주는 애가의 노래입니다.

그리스도인들에게 하나님 나라와 예수 그리스도의 몸 된 교회를 주시는 하나님은?

첫째, 가장 크시고 강하시고 힘이 있으신 분입니다.

"내가 여호와의 이름을 전파하리니 너희는 우리 하나님께 위엄을 돌릴지어다"(신 32:3)

가장 크시고 강하시고 힘이 있으신 하나님은 창조하시고 섭리하시고 구원하시고 심판하시고 성취하시는 분입니다.

둘째, 거룩하신 분입니다.

"그는 반석이시니 그가 하신 일이 완전하고 그의 모든 길이 정의롭고 진실하고 거짓이 없으신 하나님이시니 공의로우시고 바르시도다"(신 32:4)

"이는 너희가 신 광야 가데스의 므리바 물 가에서 이스라엘 자손 중 내게 범죄하여 내 거룩함을 이스라엘 자손 중에서 나타내지 아니한 까닭이라"(신 32:51)

거룩하신 하나님은 완전하심과 공의로우심과 진실하심과 의로우심과 올곧으심과 같은 선하신 속성을 단일하게 소유하고 계신 분입니다.

셋째, 창조주와 아버지이신 분입니다.

> "어리석고 지혜 없는 백성아 여호와께 이같이 보답하느냐 그는 네 아버지시요 너를 지으신 이가 아니시냐 그가 너를 만드시고 너를 세우셨도다"(신 32:6)

넷째, 민족들의 지경을 분정하시는 지극히 높으신 분입니다.

> "지극히 높으신 자가 민족들에게 기업을 주실 때에, 인종을 나누실 때에 이스라엘 자손의 수효대로 백성들의 경계를 정하셨도다"(신 32:8)

다섯째, 보호하시고 인도하시는 분입니다.

> "여호와께서 그를 황무지에서, 짐승이 부르짖는 광야에서 만나시고 호위하시며 보호하시며 자기의 눈동자 같이 지키셨도다 마치 독수리가 자기의 보금자리를 어지럽게 하며 자기의 새끼 위에 너풀거리며 그의 날개를 펴서 새끼를 받으며 그의 날개 위에 그것을 업는 것 같이 여호와께서 홀로 그를 인도하셨고 그와 함께 한 다른 신이없었도다"(신 32:10~12)

여섯째, 하나님 나라를 유업으로 주시는 분입니다.

> "여호와께서 그가 땅의 높은 곳을 타고 다니게 하시며 밭의 소산을 먹게 하시며 반석에서 꿀을, 굳은 반석에서 기름을 빨게 하시며 소의 엉긴 젖과 양의 젖과 어린 양의 기름과 바산에서 난 숫양과 염소와 지극히 아름다운 밀을 먹이시며 또 포도즙의 붉은 술을 마시게 하셨도다"(신 32:13~14)

일곱째, 배도와 배교를 심판하시고 징계 하시는 분입니다.(신 32:15~31)

> "그러므로 내 분노의 불이 일어나서 스올의 깊은 곳까지 불사르며 땅과 그 소산을 삼키며 산들의 터도 불타게 하는도다 내가 재앙을 그들 위에 쌓으며 내 화살이 다할 때까지 그들을 쏘리로다 그들이 주리므로 쇠약하며 불 같은 더위와 독한 질병

에 삼켜질 것이라 내가 들짐승의 이와 티끌에 기는 것의 독을 그들에게 보내리로다 밖으로는 칼에, 방 안에서는 놀람에 멸망하리니 젊은 남자도 처녀도 백발 노인과 함께 젖 먹는 아이까지 그러하리로다"(신 32:22~25)

여덟째, 심판과 징계의 도구를 꺾어 버리시는 분입니다.(신 32:32~42)

"이는 내가 하늘을 향하여 내 손을 들고 말하기를 내가 영원히 살리라 하였노라 내가 내 번쩍이는 칼을 갈며 내 손이 정의를 붙들고 내 대적들에게 복수하며 나를 미워하는 자들에게 보응할 것이라 내 화살이 피에 취하게 하고 내 칼이 그 고기를 삼키게 하리니 곧 피살자와 포로된 자의 피요 대적의 우두머리의 머리로다"(신 32:40~43)

아홉째, 견인의 은총을 베푸시는 분입니다.

"너희 민족들아 주의 백성과 즐거워하라 주께서 그 종들의 피를 갚으사 그 대적들에게 복수하시고 자기 땅과 자기 백성을 위하여 속죄하시리로다"(신 32:43)

하나님께서는 당신의 이름을 위하여 우리들을 용서하시는 분입니다.

그리스도인의 바른 위치는 하나님 말씀에 순종하는 위치입니다.

"모세가 이 모든 말씀을 온 이스라엘에게 말하기를 마치고 그들에게 이르되 내가 오늘 너희에게 증언한 모든 말을 너희의 마음에 두고 너희의 자녀에게 명령하여 이 율법의 모든 말씀을 지켜 행하게 하라 이는 너희에게 헛된 일이 아니라 너희의 생명이니 이 일로 말미암아 너희가 요단을 건너가 차지할 그 땅에서 너희의 날이 장구하리라"(신 32:45~47)

그러므로 성삼위 하나님의 은혜로 하나님 말씀에 순종하며 하나님을 영화롭게 하는 우리 모두가 되기를 기도합니다.

신명기 33장 1절

"하나님의 사람 모세가 죽기 전에 이스라엘 자손을 위하여 축복함이 이러하니라"(개역개정판)

"그리고 이것은 하나님의 사람 모세가 그가 죽기 전에 이스라엘 아들들에게 축복한 그 축복이다"(원문직역)

신명기 33장은 모세가 이스라엘 12지파에게 예언적 의미로 축복하는 말씀입니다.

그리스도인들을 축복하시는 하나님께서는?

첫째, 말씀으로 다스리는 분입니다.

"그가 일렀으되 여호와께서 시내 산에서 오시고 세일 산에서 일어나시고 바란 산에서 비추시고 일만 성도 가운데에 강림하셨고 그의 오른손에는 그들을 위해 번쩍이는 불이 있도다 여호와께서 백성을 사랑하시나니 모든 성도가 그의 수중에 있으며 주의 발 아래에 앉아서 주의 말씀을 받는도다 모세가 우리에게 율법을 명령하였으니 곧 야곱의 총회의 기업이로다"(신 33:2~4)

둘째, 교회의 왕이신 분입니다.

"여수룬에 왕이 있었으니 곧 백성의 수령이 모이고 이스라엘 모든 지파가 함께 한 때에로다"(신 33:5)

셋째, 도우시는 분입니다.

"여수룬이여 하나님 같은 이가 없도다 그가 너를 도우시려고 하늘을 타고 궁창에

서 위엄을 나타내시는도다"(신 33:26)

넷째, 보호하시는 분입니다.

"영원하신 하나님이 네 처소가 되시니 그의 영원하신 팔이 네 아래에 있도다 그가 네 앞에서 대적을 쫓으시며 멸하라 하시도다"(신 33:27)

다섯째, 은혜를 베푸시는 분입니다.

"이스라엘이 안전히 거하며 야곱의 샘은 곡식과 새 포도주의 땅에 홀로 있나니 곧 그의 하늘이 이슬을 내리는 곳에로다"(신 33:28)

여섯째, 승리하게 하시는 분입니다.

"이스라엘이여 너는 행복한 사람이로다 여호와의 구원을 너 같이 얻은 백성이 누구냐 그는 너를 돕는 방패시요 네 영광의 칼이시로다 네 대적이 네게 복종하리니 네가 그들의 높은 곳을 밟으리로다"(신 33:29)

그리스도인들은 축복하시는 하나님께서는 모든 그리스도인들에게 분배적 복을 주십니다.(신 33:6~25)

"르우벤은 죽지 아니하고 살기를 원하며 그 사람 수가 적지 아니하기를 원하나이다 유다에 대한 축복은 이러하니라 일렀으되 여호와여 유다의 음성을 들으시고 그의 백성에게로 인도하시오며 그의 손으로 자기를 위하여 싸우게 하시고 주께서 도우사 그가 그 대적을 치게 하시기를 원하나이다 레위에 대하여는 일렀으되 주의 둠밈과 우림이 주의 경건한 자에게 있도다 주께서 그를 맛사에서 시험하시고 므리바 물 가에서 그와 다투셨도다 그는 그의 부모에게 대하여 이르기를 내가 그들을 보지 못하였다 하며 그의 형제들을 인정하지 아니하며 그의 자녀를 알지 아니한 것은 주의 말씀을 준행하고 주의 언약을 지킴으로 말미암음이로다 주의 법도를 야곱에게, 주의 율법을 이스라엘에게 가르치며 주 앞에 분향하고 온전한 번제를 주의 제단 위에 드리리로다 여호와여 그의 재산을 풍족하게 하시고 그의 손의 일을 받으소서 그를 대적하여 일어나는 자와 미워하는 자의 허리를 꺾으사 다시 일어나지 못하게 하옵소서"(신 33:6~11)

하나님께서는 모든 그리스도인들에게 은사와 직분과 사명을 따라 다양한 복을 주십니다.

그리스도인들은 하나님께서 주신 복으로 교회를 받들어 섬기고 세워 나아가며 모든 영역에서 하나님나라를 드러내고 확장하는 사람들입니다.

그러므로 성삼위 하나님께서 주신 복으로 사명을 감당하며 하나님을 영화롭게 하는 우리 모두가 되기를 기도합니다.

신명기 34장 10절

"그 후에는 이스라엘에 모세와 같은 선지자가 일어나지 못하였나니 모세는 여호와께서 대면하여 아시던 자요"(개역개정판)

"그리고 더 이상 이스라엘에 모세와 같은 선지자가 일어나지 못했다. 그는 여호와께서 얼굴과 얼굴로 아는 자였다"(원문직역)

신명기 34장은 모세의 죽음을 다루고 있습니다.

모세는 율법 613개 조항을 하나님으로부터 직접 받은 사람입니다.

모세 이후 모든 선지자들은 하나님께서 모세에게 주신 율법 613개 조항을 파수하고 해석하는 사역만 담당했습니다.

하나님의 사람 모세는?

첫째, 하나님께서 주신 사명을 끝까지 잘 감당한 사람이었습니다.(신 34:1~6)

"이에 여호와의 종 모세가 여호와의 말씀대로 모압 땅에서 죽어 벳브올 맞은편 모압 땅에 있는 골짜기에 장사되었고 오늘까지 그의 묻힌 곳을 아는 자가 없느니라"(신 34:5~6)

"나는 선한 싸움을 싸우고 나의 달려갈 길을 마치고 믿음을 지켰으니 이제 후로는 나를 위하여 의의 면류관이 예비되었으므로 주 곧 의로우신 재판장이 그 날에 내게 주실 것이며 내게만 아니라 주의 나타나심을 사모하는 모든 자에게도니라"(딤후 4:7~8)

둘째, 사명을 감당할 때까지 영육으로 강건한 사람이었습니다.

> "모세가 죽을 때 나이 백이십 세였으나 그의 눈이 흐리지 아니하였고 기력이 쇠하지 아니하였더라"(신 34:7)

셋째, 이스라엘 백성들에게 사랑과 존경을 받은 사람이었습니다.

> "이스라엘 자손이 모압 평지에서 모세를 위하여 애곡하는 기간이 끝나도록 모세를 위하여 삼십 일을 애곡하니라"(신 34:8)

넷째, 후계자를 바르게 세운 사람이었습니다.

> "모세가 눈의 아들 여호수아에게 안수하였으므로 그에게 지혜의 영이 충만하니 이스라엘 자손이 여호와께서 모세에게 명령하신 대로 여호수아의 말을 순종하였더라"(신 34:9)

다섯째, 예수 그리스도를 예표하는 사람이었습니다.

> "그 후에는 이스라엘에 모세와 같은 선지자가 일어나지 못하였나니 모세는 여호와께서 대면하여 아시던 자요 여호와께서 그를 애굽 땅에 보내사 바로와 그의 모든 신하와 그의 온 땅에 모든 이적과 기사와 모든 큰 권능과 위엄을 행하게 하시매 온 이스라엘의 목전에서 그것을 행한 자이더라"(신 34:10~12)

예수 그리스도를 믿음으로 구원받은 그리스도인들은 하나님께서 모세에게 주신 율례와 법도와 규례와 계명을 올바로 깨닫고 순종하는 사람들입니다.

> "모든 성경은 하나님의 감동으로 된 것으로 교훈과 책망과 바르게 함과 의로 교육하기에 유익하니 이는 하나님의 사람으로 온전하게 하며 모든 선한 일을 행할 능력을 갖추게 하려 함이라"(딤후 3:16~17)

그러므로 성삼위 하나님의 은혜로 하나님 말씀에 순종하며 하나님을 영화롭게 하는 우리 모두가 되기를 기도합니다.

이 책의 출판소식에 전해온 찬사들

강대춘 은퇴목사

본인이 저자를 알고 교제하기는 1981년 합신(5회)에 입학하면서부터 41년, 오늘에 이르렀기에 저자의 학문과 인품과 성격상 많은 독자들도 한 번 빠지면 나올 수 없는 블랙홀이 되리라 생각한다. 저자는 성경주석가이다. 성경주석에 필요한 조직신학과 교회사와 교회법과 원문의 해박한 지식과 경건이 있다.

김선일 목사 | 본이되는교회 원로

저자가 평소에 성경을 원문으로 직역하고 간단히 주석한 것을 이메일로 보내주어 받게 되었습니다. 그것은 성경내용을 명확하게 파악할 수 있게 했습니다. 거기에 달아놓은 핵심내용은 구속사적이요 철저히 하나님께만 의존하는 말씀중심의 신앙이요 성경과 하나님께서 말씀하시고자 하시는 핵심내용을 드러내어 크게 유익하였습니다.

고형근 목사 | 큰사랑교회

성경을 연구하는 작업은 즐겁고 행복하면서도 힘든 작업입니다. 김상수 목사님은 원문을 읽고, 직역하면서, 그 결과물을 평소에 카톡을 통해서 나눔을 하셨습니다. 성경을 성경으로 해석하려고 하셨으며, 무엇보다 성삼위 하나님을 드러내려고 애를 쓰셨습니다. 하나님께서 크게 기뻐하실 일이라고 여겨집니다.

김광수 목사 | 밀알교회 원로

제가 잘 알고 있는 김상수 목사님은 오직 성경에서만 이 해답을 찾고 영적으로 성령이 충만한 가운데에서 모든 사람들에게 소망을 주십니다. 그러기에 이 책을 통해 주님의 참된 제자로 교회를 섬기며 신앙생활을 훌륭하게 하도록 큰 힘이 되는 지침서가 될 것입니다. 독자에게 영혼을 깨울 수 있기를 기대하며 기도드립니다.

김광욱 목사 | 한샘교회

이 책은 누구나 접할 수 있도록 간단하고 쉬운 것 같으면서도 설교자에게는 귀한 영감을 성도에게는 넘치는 은혜를 신학연구자에게는 귀한 연구 자료를 제공할 보고가 될 것입니다.

김기일 장로 | 캡스톤 주님의교회, 국제 CBMC 부이사장 토론토

매일, 아침마다 대하는 목사님의 묵상은 대할 때마다 아름답고 맑은 영혼의 편지 같습니다. 이 시대에 다시 쓰여 지는 솔로몬의 묵상, 생명의 글들이 영혼들을 일깨워 주고 사랑하는 주님과 손잡고 살아가고자 하시는 모든 분들에게 영원한 사랑의 편지가 되시기를 바랍니다.

김상균 목사 | 제자된교회

성경 원문에 담긴 오묘한 교훈들을 성령의 지혜를 구하는 가운데 한 절, 한 절 연구하며 기록한 말씀들은 마치 성경의 깊은 우물에서 지금 막 길어 퍼 올린 생수와 같다는 느낌이다. 목회 35년, 평생 복음 메시지를 증거 해 온 저자가 깊은 연구와 묵상을 통해 감추인 보배를 찾는 듯(잠 2:4) 교훈을 담았기에 더욱 울림이 있다.

김조이 선교사 | 아프리카 말라위

서 있는 것만으로도 치열한 영적 전투현장에서, 히브리어와 헬라어 원어에 충실하게 깊이깊이 내린 우물물 두레박처럼 길어 올리신 생명수 말씀을 말라위까지 보내 주셔서 '지꼬모=감사합니다'. 그 생수를 선교현장에 고스란히 흘려보내며, 진리 예수 그리스도를 힘차게 전할 수 있었습니다. 모든 영광 하나님께. Soli Deo Glatia.

김태준 원로목사 | 중동교회

김상수 목사의 말씀을 묵상은 읽을수록 성경을 이해하고 말씀사역에 힘이 되며 유익함을 누린다. 말씀의 본래의 뜻을 정확히 알 수 있도록 원어의 의미를 담아내며, 문맥을 따라 핵심이 되는 내용을 질서 있게 정리해 주고 있다. 성경본문의 내용 파악을 잘 할 수 있도록 해 주고 있다. 여기에 묵상해서 살을 붙이면 훌륭한 설교가 된다. 이 내용을 묶어 책으로 내게 되니 심히 기쁘다.

김형원 목사 | 주님의 교회

김상수 목사님은 성경 말씀을 원문을 통해서 보다 원초적으로 하나님의 뜻을 깨닫고자 매일 연구한 것을 카톡으로 보내 주셨습니다. 아침마다 귀한 연구의 결과를 읽으면서 오직 말씀대로 살리라 다짐했던 목회 초심으로 돌아가곤 하였습니다. 감사합니다.

김호성 목사, 선교사 | 미동부, 뉴욕성시화운동 대표

창조주 하나님을 찬송함이 끊어지며, 하나님과 대면하는 기도조차 끊어지며, 세상이 심히 어두움으로 들어가고 있는 시대에, 김상수 목사님의 매일의 묵상은 우리들의 혼잡한 마음과 영혼이 평안으로 인도되어 잔잔한 호수와 같은 평안을 느끼게 해주며, 쉴만한 물가와 푸른 초장으로 우리들을 인도해 주고 있습니다.

박찬민 목사 | 양주 명성교회

군더더기 없이 간결하고 명쾌한 성경 원문 번역과, 성경 스스로 성경을 해석하게 하는 쉽고도 심오한 성경강해가, 인공조미료를 넣지 않은 순수 자연식품처럼 날것 그대로 성경의 진미를 맛보게 해주는 이제껏 그 누구도 시도해보지 않은 신기원의 지평을 연 성경번역 강해서이다.

박형서 선교사 | 한민족고구마나눔운동본부 대표

김상수 목사님은 영혼을 위한 샘물을 길어 섬기시는 교회의 성도와 그리스도 예수 안의 지체들에게 퍼 나르시는 종이십니다. 12년이 넘도록 오대양 육대주로 맑은 영혼의 생수를 하루도 빠짐없이 퍼 나르셨습

니다. 주님께서 세우신 성령의 사람, 말씀의 공명 나팔 소리였습니다. 하나님의 마음을 헤아리며 깊은 말씀의 은혜로 하나님의 이름을 찬양하게 되기를 기도합니다.

방예배 선교사 | 카자흐스탄

선교지에서 날마다 아침을 맞이하며 김상수 목사님의 말씀 묵상을 읽습니다. 메마른 광야 같은 삶의 현장에서 말씀 묵상을 통해 하늘의 은혜를 갈망합니다. 나와 이웃들의 삶 속에 하나님의 말씀이 샘물처럼 흘러 넘쳐 우리 안에 예수님의 생명이 가득하기를 소망합니다.

배현주 목사 | 주교개혁장로교회

이 저서는 김상수 목사님께서 주명교회의 성도들에게 카톡으로 보내는 매일 한 장의 성경을 일목요연하게 정리하였다는 장점이 있다. 그래서 특히 매일 새벽기도를 인도하는 목회자들에게 매우 유익 하리라고 본다. 저자가 원문의 분석까지 마치시고 정리한 이 메시지는 즉시 설명 할 수 있기 때문이다.

백경진 선교사 | 마다가스카르

매일, 흔들릴 수밖에 없는 환경 속에서 더욱 하나님을 중심으로 성경을 바라보고 또한 하나님의 인류 구원을 향한 그 분의 사랑과 은혜를 체험 할 수 있었습니다. 특히 전반적인 묵상의 내용이 철저하게 하나님의 말씀 중심이라는 점에서 영원히 변치 않으시는 하나님을 알아 가는데 더욱 한걸음 나아갈 수 있었습니다.

손경순 선교사 | 필리핀

2013년부터 오늘까지 아침마다 보내주시는 짧은 묵상의 말씀이 저에게는 매일 매일 새 아침을 여는 밝은 문입니다. 더욱이 그 날의 본문 말씀을 원문으로 직역 해 주셔서 좀 더 이해하기가 쉬었습니다. 카톡으로 보내 주셔서 소수의 사람만 읽을 수 있었던 묵상의 말씀이 책으로 엮어져 많은 분들이 읽을 수 있다니 감사합니다.

송은근 목사 | 새로남교회

김상수 목사님께서 아침마다 보내주시는 말씀은 사막을 출발하는 첫 걸음에 내 영혼에 새벽이슬과 하늘의 만나(Dailly bread)를 주심과 같이 느낍니다. 이 만나를 새벽에 성도들과 나누기도 합니다. 감사합니다.

심성형 선교사 | R국

할렐루야! 하나님의 은혜입니다. 하나의 책은 하나님을 알아가는 징검다리와 같다고 볼 수 있습니다. 작은 강물이 흘러서 큰 바다로 모이는 것처럼 말씀 하나하나 모여 큰 말씀을 이루는 은혜를 경험합니다. 2014년, 이 말씀을 처음 받을 때 생각이 납니다. 개혁주의 입장에서 말씀을 배워야 한다고 가르쳐 주신 김상수 목사님께 감사를 드립니다.

윤여성 목사 | 열린문교회

많은 성도가 이런 목마름을 느끼는 그런 형편 속에 처해 있을 때 '합신'에서 만난 우리 친구 김상수 목사는 개혁주의 신학에 바탕한 계시적 혜안과 해석을 담은 온라인 말씀 사역을 하며 매진해 왔습니다. 저는 처음부터, 이 단톡방의 단골손님으로 오늘까지 큰 혜택을 누려 왔습니다. 그는 폭 넓은 목회의 영지를 확장시키며 수많은 사람들에게 그의 영적 기쁨과 축복을 베풀기에 지치지 않았습니다.

이선상 대표 | 썬디스플레이, 전나사렛형제들신협이사장

언제부터인가 잠언서를 보면서 깊이가 있는 묵상 나눔으로 생각해 보았다. 목사님의 탐구는 한 두 개, 서너 개가 아니라 배 이상의 깊이가 번호로 나열된다. 그것이 원문에 입각하니 저렇게 다채로운 관점을 갖게 되는구나, 이런 생각을 종종 했었다. 한 가지, 한 가지 내용들이 때로는 깊고 넓어서 묵상하는 사람 입장에서는 참 좋은 교보재가 된 듯 싶다.

이진희 선교사 | 나이지리아

김상수 목사님의 카톡 큐티는 한 줄기의 맑은 물이 목을 축이는 것 같았습니다. 기본에서 벗어나지 아니하고 차분하게 본문에 충실하게 풀어가는 말씀은 하나님의 마음을 알아 가는데 아름다운 길잡이 역할을 하고 있습니다. 기독교인의 삶을 바르게 훈련하는데 귀한 길잡이라고 사료됩니다.

조평안 선교사 | 베트남

365일 하루도 빼놓지 않고 사모님을 통해 보내주시는 주명교회 김상수 목사님의 아침 큐티는 매일 아침 말씀을 깊이 있게 들여다보게 하며 생각하게 하고 또한 깨닫게 하는 생수와 같고 만나와 같은 젖줄이다. 선교사역에 큰 힘이 된다.

주승규 선교사 | 일본 사와라 그리스도교회

답답하고 어두운 코로나 시대에 시원한 얼음 생수 생명수 넘치는 말씀! 코로나로 인한 팬더믹 속에서 공포에 떠는 모든 이에게 예수 그리스도를 통하여 생명의 빛과 소망과 확신을 공급해 주는 말씀입니다. 항상 말씀과 복음 전파의 열정이 가득하신 저자의 매일 큐티를 읽으며, 일본선교 1퍼센트 벽을 통과하는데 많은 힘이 되고 있습니다.

최동주 목사 | 석천제일교회

저자에게서 진리의 말씀을 원어 중심으로 해석하여 원리를 찾아 적용하시는 연구와 삶은 구도자적 모습을 볼 수 있었다. 매일 보내주시는 김 목사님의 성경석의를 토대로 설교 본분을 점검하여 오류를 찾아냈고 수정 보완하여 설교를 마무리하는 습관이 생겼다. 이렇게 책으로 발간될 수 있는 기회를 주신 것에 하나님께 진심으로 감사를 드린다.

황진호 선교사 | 한태글로벌문화센터 대표

몇 년 전부터 멀리 떨어져 있는 태국에까지 하루도 빠짐없이 매일 아침 카톡으로 김상수 목사님의 큐티를 보내주고 계신다. 목사님의 수고와 헌신으로 하나님의 말씀을 더 깊이 있게 묵상하고 기도하므로 하나님께 더 성숙한 자리로 나아가게 됨을 고백한다. 아울러 아침에 묵상하고 기도한 내용들은 저희 현지 사역자들과 성도들에게 자연스럽게 흘러가게 되어 진심으로 감사드린다. 이 카톡 큐티가 저뿐 아니라 더 많은 선교지와 선교사들에게 축복의 통로로 사용되어지기를 간절히 기원한다.